하루 10분
꿀잠 동화

엄마가 먼저 읽고 들려주는 창작 동화 20

하루 10분 꿀잠 동화

김미나 지음

로지

이 책을 활용하는 방법
꿀잠 동화, 이렇게 들려주세요

그림책으로 보고 읽는 동화도 재미있지만, 저는 엄마의 품속에서 엄마의 목소리로 이야기를 들으며 머릿속으로 갖가지 그림을 그려갔던 기억이 아직도 생생해요. 더불어 엄마의 따스한 체온과 포근한 숨결은 어른이 되고 나서도 오랫동안 저의 마음을 다독여주는 정다운 추억이고요.

이 책에 실은 스무 편의 동화는 제가 잠자리에서 아이들에게 들려주었던 이야기들이에요. 이야기를 들려주면서 아이들의 눈동자를 어둠 속에서 바라보면, 아이들은 저 너머 동화 속 나라의 주인공이 되어 있었어요. 이야기가 끝나면 아이들은 현실로 돌아와 행복하고 만족스러운 웃음을 지으며 새근새근 잠들었지요. 매일 밤 들려준 이야기는 언젠가 잊혀질지도 모르겠지만, 그 시간 아이들과 나누었던 사랑의 교감은 오래도록 아이들의 마음에 보석처럼 반짝반짝 빛날 거라 생각합니다.

❶ 책 속의 동화는 대부분 엄마가 5분 안에 읽고 바로 줄거리를 파악할 수 있는 짧고, 쉽고, 단순한 이야기들입니다. 아이가 자라면서 겪는 성장통에 대한 이야기와 엄마가 아이에게 전하고 싶은 메시지를 담았습니다. 엄마가 먼저 이야기를 여러 번 읽고 내용을 잘 기억해두었다가 엄마만의 자연스러운 톤으로 이야기해주는 게 가장 좋아요. 하지만 내용을 다 외우지 못했다면, 잠자리에 눕기 전 책을 펼쳐놓고 아이와 함께 그날의 동화를 골라 읽어주셔도 됩니다.

❷ 아이의 연령과 이해도에 따라 내용을 좀 더 쉽게 풀어서 들려주어도 좋아요. 또 일정한 기간을 두고 여러 번 이야기를 들려주는 것도 좋지요(아이들이 잠자리에서 다시 그 이야기를 들려달라고 먼저 주문하기도 합니다). 처음에

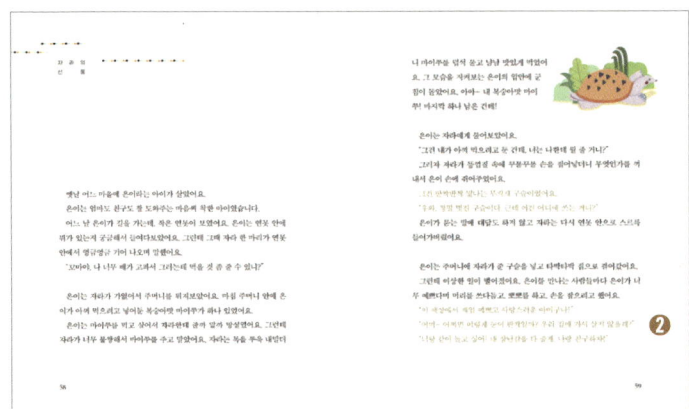

는 아이가 이야기를 완전히 이해하지 못해도, 여러 번 반복해서 듣는 가운데 자연스럽게 이야기의 의미를 깨달아가고 있음을 느낄 수 있을 거예요.

이야기 속에서 아이들이 특히 재미있어 하는 포인트나 목소리 톤을 달리해서 생동감을 줄 수 있는 부분은 글자의 색을 달리했어요. 무조건 신나게, 즐겁게 이야기해주세요!

❸ 동화 속 주인공이 아이들 자신이 될 수 있도록 아이의 이름을 넣어서 이야기해주세요. 아이들은 자신의 이름이 등장하는 것만으로도 이야기에 훨씬 깊게 몰입할 수 있습니다.

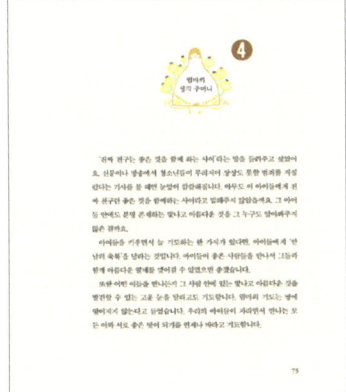 

❹ '엄마의 생각 주머니'에는 제가 이야기를 생각하게 된 배경과 경험담을 소개했습니다. 이야기를 통해 아이에게 전하고 싶은 것이 무엇인지 한 번 더 생각하는 기회가 될 수 있었으면 합니다.

❺ '더 이야기해주세요'에는 이야기를 들려준 다음, 아이와 대화를 나눌 때 필요한 팁을 담았습니다. 아이들이 처음에는 이야기를 모두 알아듣지 못하는 것 같아도, 이야기를 주제로 대화를 나누다 보면 자기 나름대로 의미를 해석하더라고요. 동화를 가지고 대화를 나누면서 엄마의 마음도 이야기하고, 아이의 마음도 들어줄 수 있는 시간이 될 거예요.

이야기를 들려준다는 것에 부담을 갖지 않았으면 좋겠어요. 하루를 마감하는 잠자리에서 엄마가 함께 누워 이야기를 들려준다는 것만으로도 아이들은 무척이나 행복해하니까요. 불 꺼진 잠자리에서 책을 읽어줄 수도 없고, 이야기를 좋아하는 아이들의 요청에 처음에는 저도 무척이나 난감했어요. 하지만 되는 대로 신나게, 즐겁게 이야기를 해주다 보니 그게 하나의 동화가 되고 아이들과의 대화 수단이 되더군요. 이 책의 이야기를 시작으로 엄마들 가슴속의 이야기보따리가 술술 풀어져 매일 밤 아이들과 즐거운 시간을 보내길 바라봅니다!

추천의 글
엄마와 아이의 마음을 어루만지는 '이야기 처방전'

18년의 상담과 임상 경험을 통해 다양한 아이들을 만났습니다. 그리고 배웠습니다. 아이들은 상상의 이야기를 통해 자신의 감정을 은유와 상징으로 표현한다는 것을 말이지요.

좋은 이야기는 이야기 자체로도 귀하지만, 이야기를 들려주고 듣는 시간을 통해 엄마와 자녀가 소통할 수 있다는 점, 서로의 감정과 경험을 공유할 수 있다는 점에서도 매우 값집니다. 이야기는 결국 공감과 표현의 매개 역할을 하는 것입니다.

"아이를 키우면서 알게 되었어요. 된장국과 하얀 밥으로 저녁을 먹고 함께 잠이 드는 무탈한 나날이 얼마나 소중한지를요. 앞으로 아이가 겪어 나갈 많은 어려움 속에서도 결국은 곁에 사랑하는 가족이 함께 있다는 사실을 통해 용기와 위안을 받으며 잠이 들 수 있기를 기도합니다." – 본문 중에서 엄마라면 누구나 공감할 만한 말입니다. 삶에서 가장 중요한 것은 눈에 보이지 않습니다. 눈에 보이는 것에 집중하며 사는 우리지만, 실제로는 보이지 않는 사랑, 진심, 믿음 등에 의해 살아가고 있는 것은 아닐까요.

이 책의 문장 한 줄 한 줄에 아이와의 관계를 다시 들여다볼 수 있게 해주는, 서로를 끈으로 연결시키는 '사랑'이 깃들어 있다는 것을 느꼈습니다. 그래서 아마 읽는 내내 따뜻함을 느낄 수 있었나 봅니다. 저는 '엄마'라는 단어가 명사가 아니라 동사라고 생각합니다. 엄마는 아이에게 세상 전부인 동시에 아이를 변화하게 만드는 행동 자체이니까요.

간혹 어느 작가의 글을 보며 '이분은 심리학을 전공하신 분인가?' '혹시 전문 상담자가 아닐까?'라는 생각을 할 때가 있습니다. 이 책을 읽으면서도 같은 생각을 했습니다. 상담자가 사용하는 언어, 바람직한 말이 글 속에 잘 묻어나기 때문입니다. 이런 언어를 따라 읽기만 해도 엄마들은 곧 내 아이를 위한 가장 친밀한 상담자가 될 것입니다. 더 나아가 우리 아이들이 따뜻한 대화를 배우고 친구들과 나누게 될 테니 이 책은 하나의 '대화 교본'이라고도 볼 수 있습니다. 또한 책 속 스무 편의 동화에는 자녀에게 가장 귀한 가치를 전해주고 싶은 엄마의 마음이 고스란히 담겨 있습니다.

이 책은 단순한 동화책이 아니라, 엄마와 자녀가 서로를 좀 더 알아갈 수 있는 방법을 알려주는 '마음 만남 안내서'이자 서로를 따뜻하게 어루만져줄 수 있는 '이야기 처방전'이라 할 수 있습니다.

스무 편의 동화를 들려주는 것으로만 끝내지 말고 꼭 '더 이야기해주세요'에서 소개한 대화 노하우까지 아이들과 함께 나눠보길 바랍니다. 이 경험을 통해 아이들의 놀라운 변화를 감지할 수 있을 것입니다. 잠들기 전 엄마 품속에서 나눴던 따뜻한 대화를 통해 우리 아이들의 눈이 보석처럼 빛나고 더욱 생기 있어질 겁니다. 엄마의 배부른 사랑을 건강하게 먹었기 때문일 것입니다.

서울여자대학교 교육심리학과 초빙교수

이야기치료 전문가

최 지 원

차례

이 책을 활용하는 방법 ------------- 4
꿀잠 동화, 이렇게 들려주세요

추천의 글 ------------------------- 9
**엄마와 아이의 마음을 어루만지는
'이야기 처방전'**

이야기 하나 --------------------- 15
낯선 사람은 따라가지 않아요
거미 나라에 잡혀간 은이

이야기 둘 ----------------------- 25
말하지 않아도 마음으로 알아요
공룡을 찾아 나선 크릉이

이야기 셋 ----------------------- 34
울지 말고, 징징대지 말고 말해요
징징이와 엉엉이

이야기 넷 ----------------------- 44
음식을 가리지 않고 골고루 먹어요
야채 나라 여행

이야기 다섯 --------------------- 56
예쁜 얼굴보다 예쁜 마음
자라의 선물

이야기 여섯 --------------------- 66
친구는 좋은 일을 함께 해요
친구가 된 핑크 물고기와 톱상어

이야기 일곱 --------------------- 78
미안하다고 말하는 것은 용기 있는 일이에요
미용실, 미역국, 미안해!

이야기 여덟 --------------------- 90
마음에 담아두지 않아요
오늘 밤 나는 돌을 던져요

이야기 아홉 --------------------- 105
나에게 동생이 생겼어요
방귀대장 은이

이야기 열 ----------------------- 116
아빠의 마음은 언제나 우리와 함께 있어요
마녀의 성으로 간 아빠

이야기 열하나 ---------- 128
작은 것에 감사하며 살아요
토끼가 준 보라색 알밤

이야기 열둘 ---------- 138
어떤 일을 먼저 해야 할까요?
은이의 마법 목걸이

이야기 열셋 ---------- 150
두려운 것도 조금씩 이겨 나갈 수 있어요
그림자를 무서워한 원이

이야기 열넷 ---------- 161
난 아직 엄마가 필요해요
엄마 인형

이야기 열다섯 ---------- 171
친구가 싫어하는 장난은 치지 않아요
신기한 감기에 걸린 아기 공룡

이야기 열여섯 ---------- 182
따뜻한 마음을 잃지 말아요
비의 요정을 찾아서

이야기 열일곱 ---------- 195
낯선 것, 다른 것도 괜찮아요
성질 급한 벌새와 느림보 곰

이야기 열여덟 ---------- 207
나다운 게 가장 좋은 거예요
운동대장 다람쥐

이야기 열아홉 ---------- 219
동생은 아끼고 돌봐줘야 해요
세상에서 가장 힘이 센 은이

이야기 스물 ---------- 229
나는 존재 자체로 소중해요
하느님이 찍어준 최고 도장

에필로그 ---------- 238
엄마도, 아이도 따뜻하고
행복하게 굿나잇!

Index ---------- 242

이야기 하나

낯선 사람은 따라가지 않아요
거미 나라에 잡혀간 은이

거미 나라에
잡혀 간
은   이

　　은이는 유치원에서 즐거운 하루를 보내고 집으로 돌아가는 중이었어요. 그런데 처음 보는 아저씨가 친절한 목소리로 은이에게 인사했어요.
　　"은이야 안녕! 아저씨는 너희 엄마랑 잘 아는 사람이야. 엄마가 지금 갑자기 너무 아파서 병원에 가셨거든. 엄마가 아저씨한테 너랑 같이 병원으로 오라고 했어."

　　그러면 은이는 엄마와 친하다고 말하는 이 아저씨를 따라갈 건가요?
　　아니죠? 엄마는 은이가 모르는 처음 보는 사람한테 은이를 데려오라는 말은 하지 않을 거예요. 엄마가 아프면 아빠나 할머니가 은이를 데리러 올 거예요. 그러니 절대로 따라가면 안 돼요.

은이가 아저씨의 말에 고개를 저으며 "우리 엄마는 모르는 사람을 따라가면 안 된다고 하셨어요."라고 대답했어요. 은이 말에 아저씨는 다시 웃으며 말했어요.

"은이야, 너는 강아지를 아주 좋아하지? 아저씨 차에 정말 예쁜 강아지가 있는데, 우리 같이 강아지를 보러 가자. 아저씨 차에는 강아지 말고도 네가 좋아하는 초콜릿도 아주 많이 있어."

그러면 은이는 아저씨를 따라가서 강아지랑 놀아줄 건가요?
아니죠? 아무리 내가 좋아하는 걸 준다고 하고 맛있는 과자를 준다고 해도 처음 보는 사람을 따라가서는 절대 안 돼요.
은이는 아저씨에게 큰 목소리로 또박또박 말했어요.
"그래도 우리 엄마가 처음 보는 사람을 따라가면 안 된다고 했어요. 저는 집으로 갈 거예요."

이번에는 아저씨가 아픈 표정을 지으면서 말했어요.
"아저씨가 갑자기 다리가 너무 아픈데 저기 약국까지만 함께 가주겠니? 엄마가 너는 착한 아이라서 어른을 잘 도와준다고 말했거든."

이번에도 은이는 안 된다고 말했어요. 어른은 아이들에게 도와달라고 부탁하지 않으니까요. 은이에게 도와달라고 말하는 어른이 있다면 "다른 어른들에게 부탁하시는 게 좋겠어요."라고 말하면 되는 거예요.

그러자 아저씨의 입에서 갑자기 기다란 거미줄이 나와 은이를 휘휘 휘 감았어요. 이 아저씨는 나쁜 괴물거미 대장이었던 거예요!
아저씨는 은이를 거미줄로 감아 새하얀 고치에 넣었어요. 그리고 괴물 거미들이 사는 나라로 데려갔습니다.

괴물거미 나라에는 무서운 괴물거미들이 가득했어요.
아이들의 눈알을 알사탕처럼 쏙쏙 빼먹는 눈알 거미,
아이들의 겨드랑이에 기다란 침을 꽂아서 피를 쪽쪽 빨아먹는 겨드랑이 거미,
아이들의 똥꼬에서 콩나물을 쏙쏙 빼먹는 똥꼬 거미,
아이들의 배꼽을 톡톡 건드려서 방귀가 나오면 그 방귀로 몸을 커다랗게 부풀리는 방귀 거미 등 별별 거미들이 다 있었지요.
거미들은 은이를 보고 "저 통통한 엉덩이는 내 거야!" "저 보들보들한 볼은 내 거야!"라고 외치며 슬금슬금 기어오기 시작했어요. 은이는 너무 무서워 엉엉 울었어요.

그때였어요!

엄마가 거미나라로 은이를 찾아왔어요!

엄마는 은이를 냅다 안고 뛰기 시작했습니다. 한참을 달리자, 엄마의 뜀박질은 조금씩 느려졌어요. 그런데 괴물거미들은 엄마 뒤를 바짝 쫓아오고 있었어요.

그때 엄마가 주머니에서 노란색 구슬 하나를 꺼내 등 뒤로 휙 던졌어요.

구슬은 순식간에 가시덤불이 되어 거미들을 가로막았어요.

그래도 괴물거미들이 계속해서 따라오자 이번에는 주머니에서 빨간색 구슬을 꺼내 힘껏 던졌습니다.

구슬은 활활 타오르는 불꽃이 되어 괴물거미들을 불태웠어요.

그런데도 괴물거미 대장은 끝까지 쫓아왔어요.

엄마는 떨리는 손으로 주머니에서 마지막 남은 보라색 구슬을 꺼내 등 뒤로 휙 던졌습니다.

보라색 구슬은 철썩철썩 파도치는 바다가 되어 괴물거미 대장을 멀리 멀리 떠내려 보냈어요.

엄마와 은이는 거미들을 모두 물리치고 서로 꼭 껴안고 아빠와 동생이 기다리는 집으로 무사히 돌아왔어요. 네 식구는 은이가 제일 좋아하는 따뜻한 된장국과 하얀 밥을 맛있게 먹고 기분 좋게 잠들었어요.

엄마의 생각 주머니

  험한 세상에서 딸 둘을 키우다 보니, 이런 이야기도 생각하게 되네요. 낯선 사람이 엄마나 아빠를 아는 척하거나 아이가 좋아하는 것을 주며 함께 가자고 할 때 아이에게 어떻게 하겠냐고 물어보다가 떠오른 이야기예요. 낯선 사람을 따라가면 안 된다는 교훈을 재미있게 들려주고 싶었거든요. 아이들의 내면은 기본적으로 선하기 때문에 누군가가 도움을 청하면 그걸 들어줘야 한다는 압박감을 느끼기도 한대요. 그래서 이런 이야기를 통해 알려주고 싶었어요. 정상적인 어른이라면 어린이에게 도움을 청하지 않는다는 사실을요.

  낯선 사람을 따라가지 말라는 말만 하면 너무 재미없잖아요. 그래서 동화 속 은이는 거미 나라로 가게 됩니다. 이 이야기의 하이라이트는 여러 종류의 거미들이 등장하는 순간이에요. 눈알 거미와 겨드랑이 거미, 똥꼬 거미, 배꼽 거미들이 등장할 때 아이들은 깔깔 웃으며 너무 재미있어 했어요. 어둠 속에서 손가락을 세워서 거미처럼 살금살금 아이들의 볼, 엉덩이, 배꼽을 간지럽히면 아이들은 진저리를 치면서도 깔깔거렸지요.

아이들의 영웅인 엄마가 짠! 하고 나타날 때는 얼마나 좋아하는지 몰라요. 사실 이 이야기의 뒷부분은 전래동화 〈여우누이〉에서 따온 거예요. 나중에 아이에게 〈여우누이〉를 읽어주자 "엄마, 오빠(여우누이의 오빠)도 우리랑 똑같이 도망쳤는데?"라고 말하더군요.

아이가 어려움에 처하고 내가 힘든 일을 겪을 때, 그렇게 등 뒤로 구슬을 던져서 가시덤불이나 불, 물로 그것들을 막을 수 있다면 얼마나 좋을까요. 그렇지만 현실에서는 불가능한 이야기이니 겪어야 할 일이라면 겪어내는 수밖에요.

이 이야기를 여러 번 들려달라고 해서 들은 아이는 "그때였어요!"라고 말하는 순간, 늘 "엄마!"라고 외칩니다. 아이가 나를 필요로 하는 '그때' 정확하고 흔들림 없이 나타날 수 있는, 그래서 어려운 일을 같이 해결해 나갈 수 있는 엄마가 될 수 있기를 바라봅니다.

아이를 키우면서 알게 되었어요. 된장국과 하얀 밥으로 저녁을 먹고 함께 잠이 드는 무탈한 나날이 얼마나 소중한지를요. 앞으로 아이가 겪어 나갈 많은 어려움 속에서도, 결국은 사랑하는 가족이 함께 있다는 사실을 통해 용기와 위안을 받으며 잠이 들 수 있기를 기도합니다.

더 이야기해주세요

- 낯선 아저씨의 제안에 아이는 어떻게 할 것인지 물어보고 진지하게 들어주세요. 그리고 처음 보는 사람을 따라가서는 안 되는 이유도 조근조근 설명해주세요.
- 위험 속에서 던질 세 가지 구슬의 색깔을 아이가 정할 수 있게 해주세요.
- 이야기의 마지막에는 아이가 좋아하는 음식을 저녁 메뉴로 넣어주세요.

이야기 둘

말하지 않아도 마음으로 알아요
공룡을 찾아 나선 크릉이

공 룡 을
찾 아 나 선
크 룽 이

아기 동물들이 모여 사는 평화로운 숲 속 마을에 커다란 알 하나가 나타났어요.

아기 동물들은 '이게 뭐지? 누구 알이지?' 하고 궁금해하며 따뜻한 이불로 알을 감싸주었어요.

어느 날 아침, 알에서 이상한 소리가 났어요. 빠삭 빠지직 삐지지직!

잠시 뒤 작은 손이 알 껍질을 밀고 빼꼼 고개를 내밀었어요.

"크룽, 크룽!"

어머나! 알에서 나온 건 작고 귀여운 초록색 아기 공룡이었어요!

동물 친구들은 눈이 동그래져서 아기 공룡을 바라보며 소리쳤어요.

"우와! 공룡이다!"

"아기 공룡아, 엄마는 어디에 있어?"

아기 공룡은 동물 친구들이 하는 말을 모두 알아들었지만, 친구들처럼 말을 하지는 못했어요. 아기 공룡이 무슨 말을 해도 친구들한테는 "크릉 크릉!" 하는 소리로 들렸어요.

친구들은 아기 공룡을 '크릉이'라고 부르기로 했어요.

크릉이가 목이 말라서 "크릉 크릉!" 하면, 친구들은 "아, 목욕을 하고 싶다고?" 하면서 뜨거운 물에 들어가게 했어요.

배가 고파서 "크릉 크릉!" 하는데도 "아, 밖에 나가 놀고 싶다고?" 라면서 밖으로 데리고 나갔어요.

졸려서 "크릉 크릉!" 하면 "아, 같이 노래를 하자고?" 하면서 큰 소리로 노래를 불러 잠을 깨웠어요.

크릉이는 친구들이 자기 말을 알아듣지 못해서 너무 속상했어요.

'내가 공룡이라서 친구들이 내 말을 알아듣지 못하는 거야. 공룡 친구들은 내가 하는 말을 전부 알아들을 텐데. 빨리 공룡 친구들을 만나서 놀고 싶어.'

다음 날, 크릉이는 카스텔라와 바나나 우유 그리고 사과를 보따리에 싸서 공룡 친구들을 찾으러 집을 나갔어요.

높은 산에 올라갈 때는 헉헉 숨이 찼어요. 그래도 크릉이는 아주 큰 소리로 공룡 친구들을 불렀어요.

하지만 아무리 크룽이가 친구들을 불러도 아무도 대답을 하지 않았어요. 공룡들은 아주 오래전에 지구에서 사라졌기 때문이에요.

산과 들을 헤매고 다닌 크룽이는 배가 고파서 허겁지겁 카스텔라와 바나나 우유, 사과를 먹었어요. 그러자 햇님이 어디론가 사라지고 어두워지기 시작했어요.

크룽이는 갑자기 무서워졌어요. 그래서 가장 높은 산으로 올라가서 큰 소리로 친구들을 불렀어요.

"얘들아! 너무 무서워. 나를 좀 찾아줘. 크르웅 크릉!"

크룽이를 가엾게 여긴 바람이 크룽이의 외침을 산속의 나무 사이로 퍼뜨렸어요.

나무들은 나뭇잎과 가지 사이로 크룽의 외침을 멀리멀리 퍼뜨렸어요.
동물 친구들이 들을 수 있는 아주 먼 곳까지요.

친구들은 바람이 전해준 크룽이의 외침을 듣고 크룽이가 혼자 무서워하고 있다는 것을 알았어요.

"우리가 빨리 크룽이를 찾아야 해!"

동물 친구들은 바람이 전해주는 메아리를 따라 땀을 뻘뻘 흘리면서 뛰어갔어요. 그리고 산 위에서 엉엉 울고 있는 크릉이를 만났어요. 동물 친구들과 크릉이는 서로 꼭 끌어안고 다시는 헤어지지 않기로 했어요.

그런데 집으로 돌아온 크릉이와 친구들에게 놀라운 일이 일어났어요. 친구들이 크릉이가 하는 말을 전부 알아듣게 된 거예요. 크릉이는 여전히 "크릉 크릉!" 하는 말밖에 하지 못하지만 친구들은 크릉이가 무엇을 하고 싶고 무엇을 원하는지 알 수 있었어요. 그때부터 크릉이와 동물 친구들은 더욱 행복하게 잘 지냈답니다.

엄마의 생각 주머니

    아이들이 가장 좋아하는 애니메이션인 〈뽀롱뽀롱 뽀로로〉의 아기 공룡 크롱을 보며 생각해낸 이야기입니다. 이 이야기를 첫째 은이에게 들려주었던 때는, 마냥 아기인 것 같았던 동생 원이가 제법 언니의 물건을 뺏으려고도 하고, 이것저것 손가락으로 가리키며 의사 표현을 하던 시기였어요.

    이 이야기를 들려주고 나서 은이에게 물었습니다.

    "은이도 동생이 무엇을 원하는지 알 수 있지? 동생이 아직 말을 잘 못해서 손가락으로만 가리키고 '응, 응' 하는 말밖에 하지 못해도 너는 잘 도와주곤 하잖아. 엄마도 마찬가지야. 네가 지금의 원이처럼 말을 잘 하지 못했을 때도 무슨 말을 하는지, 무엇을 하고 싶은지 다 알아들을 수 있었어. 왜냐하면 너를 아주 많이 사랑하기 때문이지. 사랑하면 알아들을 수 있게 되고, 이해할 수 있는 거야. 지금은 동생이 말을 잘 못하지만, 언니가 사랑하는 마음으로 대하면 분명히 동생이 어떤 마음이고 무슨 말을 하는지 지금보다 더 잘 알 수 있을 거야."

맞아요. 사랑하면 알아들을 수 있게 됩니다. 아이가 오로지 울음으로만 자신의 의사를 표현할 때도 '어머, 내가 어떻게 이 아이의 말을 알아듣지?' 하면서 자신을 신통방통하게 여기며 웃던 날들이 떠오릅니다.

아이를 지켜보면 알게 됩니다. 곱고 밉고 예쁘고 짜증스러운 모든 행동이 결국은 '엄마, 사랑해요!'와 '엄마, 나를 사랑해주세요!' 둘 중에 하나를 의미한다는 것을요. 그래서 엄마 마음속에 있는 '아이 말 번역기'는 오늘도 애틋하고 따뜻하게 미완의 아이 언어를 사랑의 능력으로 번역해냅니다.

더 이야기해주세요

- 아이가 어렸을 때 쓰던 유아어를 이야기해주면 재미있어 합니다. 큰아이는 강아지를 '멈머'로, 핸드폰을 '햄버튼'으로, 복숭아를 '고슈마'로, 빼빼로를 '삐에로'라고 불렀어요. 고양이가 어떻게 우냐고 물었더니 "고양고양~" 운다고 해서 저를 웃겼던 추억을 이야기해주었어요.

- 이야기 속에서는 아기 공룡의 이름을 '크릉이'라고 했어요. 그렇지만 직접 이야기로 들려줄 때에는 〈뽀롱뽀롱 뽀로로〉에 나오는 '크롱'으로 들려주면 아이들이 더 좋아하면서 신나게 듣는답니다.

1

〈하루 10분 꿀잠 동화〉와
함께 읽으면 좋은 책

∞ 동생을 맞은 아이에게

배꼽 구멍 | 하세가와 요시후미 글·그림 | 비룡소

큰아이가 동생을 갖게 되었을 때 많이 읽어주었던 그림책이에요. 태어날 동생에게 보여줄 꽃을 키우고 로봇을 만드는 언니와 오빠, 노래를 지어 불러주는 아빠, 건강한 아기를 위해 좋은 음식을 챙겨 먹는 엄마 등 모든 가족이 엄마 뱃속의 아기를 기다립니다. 배꼽 구멍으로 아기는 그것을 다 보고 듣고 느끼고 있지요. 엄마 뱃속에 동생을 만난다는 것이 반갑고 기쁜 일이라는 것도 알려주고 싶었고, 언니가 되는 큰아이 역시 이렇게 모두가 간절히 기다려왔던 귀하고 아름다운 첫아이였다는 것을 가르쳐주고 싶었어요.

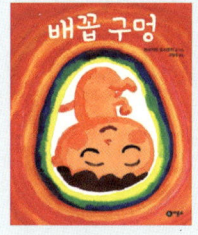

∞ 행복과 감사의 의미

오소리네 집 꽃밭 | 권정생 글 | 정승각 그림 | 길벗어린이

권정생 선생님의 그림책은 〈강아지똥〉이 잘 알려져 있지만 〈오소리네 집 꽃밭〉도 참 좋아요. 태풍에 휩쓸려 사람들이 사는 읍내에 떨어진 오소리 아줌마는 학교에 가꿔진 꽃밭이 너무 좋아 보여서 집으로 돌아와 우리도 꽃밭을 가꾸자고 오소리 아저씨를 채근합니다. 하지만 알게 되지요. 오소리 아줌마가 살고 있는 집 둘레가 따로 심고 가꿀 필요도 없는 잔대꽃, 도라지꽃, 용담꽃으로 가득한 꽃밭이라는 것을요. 앉은 자리가 꽃자리라 하던가요. 저와 아이들이 바로 지금 그리고 여기에서 행복과 감사의 꽃밭을 발견할 수 있기를 바라며 읽어주는 책입니다.

33

이야기 셋

울지 말고, 징징대지 말고 말해요
징징이와 엉엉이

징징이와 엉엉이

옛날 어느 마을에 징징이와 엉엉이가 살았어요.

아이들의 이름이 처음부터 징징이와 엉엉이는 아니었어요. 그 아이들은 무슨 말을 해도 징징거리거나 엉엉 울기부터 했어요. 맨날 징징거리고 울기만 하니 마을 사람들은 아이들의 원래 이름을 잊어버리고 징징이와 엉엉이로 부르기 시작했어요.

"엄마, 우유 먹고 싶어요."라고 말할 때도 징징이는 "으엄마아 우유우으유으어어어 으엄마아~" 이렇게 말했어요.

"엄마, 이 퍼즐이 어려워요."라고 말해야 하는데도 엉엉이는 "으악으악 으아아아아아악 퍼즈으으으으을 퍼즐 앙앙 앙아아아아아아앙~" 이러는 거예요.

엄마가 "징징아, 네가 징징거리면 무슨 말을 하는지 알아듣지 못하잖아. 그러니까 예쁘게 말해봐."라고 말해도 징징징.

엄마가 "엉엉아, 많이 속상하다고 소리 지르고 울면 원하는 게 뭔지 모르잖아. 그럴 때는 엄마한테 도와달라고 하는 거야. 그러면 엄마가 도와줄 거야."라고 말해도 엉엉엉.

그렇게 하루, 이틀, 사흘이 지나고 월요일, 화요일, 수요일, 목요일이 지나갔어요.

매일 징징대고 엉엉대던 어느 날 아침이었어요.

징징이가 잠에서 깨서 또 징징대기 시작했어요. 일어나자마자 배가 고팠거든요.

"엄마아아아 배고파. 사탕 사탕 밥 안 먹어. 사탕 젤리 초코렛 엄마아~"

그런데 징징이의 입에서 이상한 말이 나왔어요.

"승꽝봉꽝 사뾰뾰루 뛰리로뤼로 꾸루방뽕 숨숨푸푸~"

어? 이게 무슨 말이지? 깜짝 놀란 징징이가 다시 말해보았어요.

"엄마아아아 내 입에서 이상한 소리가 나와. 으어어 어떻게 된 거야아~"

그런데 이번에도 징징이의 입에서 달나라 말 같은 이상한 말이 나왔어요.

"슈무리뽕쓰 까똥까똥 찌지바바 두루뭉탱 꾸리꾸리봉~"

어머나! 징징이는 이제 말을 할 수 없어요.

엉엉이도 눈을 비비며 일어났어요.
"징징아, 너 왜 그런 이상한 말을 하는 거야?"
그런데 엉엉이의 입에서도 이상한 말이 흘러나왔어요.
"띠비다바 또리뜻또 숩빵파푸리카 깟또리맛싸이~"
으악! 이게 무슨 소리야!

징징이와 엉엉이는 엄마에게 달려갔어요. 엄마도 아이들이 하는 말을 알아들을 수가 없었어요.

친구들도 징징이와 엉엉이가 무슨 말을 하는지 아무도 못 알아들었어요.

징징이와 엉엉이는 어쩔 줄 몰라서 발을 동동 굴렀어요.

"어떡해? 이제 우리는 어떡하지?"라고 외쳤지만 그 말도 이렇게 나왔어요.
"샤마뿌뚜라 샤마뿌뚜라~"

두 아이는 서로를 붙잡고 엉엉 울었어요.

"징징대지 말고 똑바로 말할걸 그랬어!"
"소리 지르면서 울지 말고 예쁘게 말할걸! 이제 우리는 어떡하지?"
그 말도 "샹봉푸모리또 보로보로빙빙 땀모딴꼰쇼밍아~" 하는 이상한 말이 되었어요. 아이고, 이를 어쩌죠?

깜깜한 밤이 되자 징징이와 엉엉이는 울면서 하늘을 바라보았어요. 그때 하늘에서 반짝 별똥별이 떨어졌어요. 징징이는 별똥별을 바라보며 엉엉이의 손을 잡고 마음속으로 소원을 빌었어요.
'별똥별님, 이제는 징징거리거나 엉엉 울지 않고 예쁜 목소리로 또박또박 말할게요. 우리 목소리를 다시 돌려주세요. 제발요!'
징징이와 엉엉이는 손을 꼭 잡고 잠이 들었어요.

다음 날 아침, 엄마가 깨우지 않았는데도 징징이와 엉엉이는 눈을 번쩍 떴어요. 그리고 조심스럽게 말을 해보았어요.
"엄마, 안녕히 주무셨어요?"
"아빠, 좋은 아침이에요."
별똥별이 소원을 들어주었나 봐요! 징징이와 엉엉이의 입에서 이상한 말이 아니라 예쁜 말이 나왔어요. 징징이와 엉엉이는 환하게 웃었어요. 징징이와 엉엉이는 이제부터 울지 않고 엄마한테 도와달라고 말하고, 징징거리지 않고 똑바로 말하겠다고 결심했어요.

엄마의 생각 주머니

아이들이 유난히 징징대고 칭얼거리고 악을 쓰는 날이 있어요. 아이가 울면 엄마의 머릿속은 하얘지잖아요. 이 짧은 이야기는 오후 내내 징징대는 아이들과 실랑이를 하며 화를 꾹꾹 억눌렀던 날 밤에 들려주었어요. 아이들도 알지요. 징징거리는 것보다 예쁘게 말하는 게 좋고, 엉엉 소리 지르면서 우는 것보다 도와달라고 말하는 게 좋다는 것을요. 하지만 어른도 짜증이 나고 화가 나면 자기도 모르게 목소리가 높아지는데, 어른보다 감정 조절이 서툰 아이들은 더욱 그럴 거예요. 그렇게 징징대고 울고 나면 아이들도 힘들죠. 눈이 통통 부어 잠든 얼굴을 보면 속으로 '으이구, 이놈들아!' 싶어요.

그래서 이 이야기는 무조건 재미있게 들려줬어요. 아이들도 기분을 풀고, 어른도 기분을 풀어야 하니까요. 아이를 키우면서 제가 지키는 얄팍한 신조가 있다면, 종일 어떤 대격전이 벌어졌다 해도 하루를 마무리

하는 잠자리에서는 서로 화해하고 기분 좋게 잠들자는 것이에요. 그러니 이 이야기의 포인트는 징징대고 엉엉대다가 말을 잊어버린 아이들이 어떻게 말하는지 최대한 재미나게 들려주는 것입니다. 전 태국어처럼 "쏨딱쏨땅" 하거나 불어처럼 "송프왕" 이러기도 했어요. 그러면 아이들이 배꼽이 빠져라 웃습니다. 저도 이야기하다 보면 웃겨서 저도 모르게 기분이 확 풀어집니다. 시무룩하고 짜증났던 하루를 저 나름대로 마감하는 이야기랄까요.

아이들이 하루 종일 저를 달달 볶았다 하더라도 징징이와 엉엉이처럼 목소리가 바뀌는 벌을 받지는 않겠지요. 아마 모르긴 몰라도 이야기 속 징징이와 엉엉이도 개과천선은 잠시일 뿐, 언제 반성했냐는 듯 또 징징대고 엉엉 울어댈 겁니다.

하지만 시간은 흐르지요. 아이들이 자라 자기만의 언어로 엄마와 소통할 날이 오겠죠. 또한 지금처럼 엄마 치마꼬리를 붙잡고 징징대거나 온 얼굴을 일그러뜨리면서 으왁으와 울어대지도 않을 겁니다. 그렇게 생각하면 '징징이와 엉엉이'는 이 시기에만 잠깐 보여주는 모습일지도 모르겠어요. 그러니 아이를 나무라고 타이르는 건 시간의 흐름에 적당히 떠넘기고, 오늘 하루를 즐겁게 마무리해야죠. 마음껏 아이들을 웃겨주세요. 쑵샵부리마쓰 아리까리부랑당 샤부샤부삐루루까!

더 이야기해주세요

- 이야기의 도입 부분, 징징이와 엉엉이를 소개할 때는 그날 아이가 했던 나쁜 행동을 넣어서 이야기해주면 좋아요. 세 살짜리 아이도 이렇게 하면 자기 이야기냐고 물어봅니다. 그러면 저는 아니라고 대답하지요. "아니~ 은이랑 원이는 안 그러지. 그런데 어디 쩌어기 다른 집에는 그런 애가 있대."라고 하면 살짝 안심하면서도 킥킥 웃으며 듣더라고요.

- 이야기를 모두 들려주고 나서 오늘 아이가 징징이와 엉엉이처럼 행동한 게 무엇인지 물어봐주세요. 그때 어떤 기분이어서 그렇게 징징, 엉엉댔는지 아이의 감정을 읽어주면 아이가 나름대로 진솔하게 자신의 이야기를 꺼내더라고요. 그리고 나서 그런 상황에서 징징, 엉엉대지 않고 어떻게 말을 하면 좋을지 함께 이야기를 나눠보세요.

예시: "원이야, 아까 왜 그렇게 징징댔어? 엄마가 기름 튀는 요리를 하고 있어서 네가 가까이 오지 못하게 한 건데 그게 속상했구나. 그래도 조금만 기다렸다가 예쁘게 말했으면 더 좋았을 텐데. 내일은 오늘처럼 징징대는 대신, 엄마에게 '도와주세요'라고 말해주면 좋겠어. 그러면 엄마도 원이도 기분이 좋을 것 같아."

이야기 넷

음식을 가리지 않고 골고루 먹어요
야채 나라 여행

야채 나라 여행

오늘 은이와 원이의 저녁밥 반찬은 계란말이와 시금치 된장국, 버섯볶음과 김치였어요.
세상의 모든 아이처럼 은이와 원이도 가리는 음식이 있답니다.
어떤 친구는 꽃처럼 생긴 브로콜리를 싫어하고, 어떤 친구는 동글동글한 양파를 싫어하고, 어떤 친구는 초록 피망을 싫어하는데 은이와 원이는 우산처럼 생긴 버섯을 싫어해요.
엄마가 "쫄깃쫄깃한 버섯을 꼭꼭 씹으면 얼마나 고소하고 맛있는데!"라고 말해도 은이와 원이는 먹기 싫다며 짜증을 냈어요. 밥 먹을 때 버섯 반찬만 고스란히 남겼답니다.

그날 밤 누군가가 은이와 원이의 방문을 똑똑 두드렸어요.

문을 열어보니 세상에! 뽀얗고 덩치가 큰 새송이버섯이 문 앞에 서 있는 게 아니겠어요.

"넌 새송이버섯이잖아? 왜 우리를 찾아왔니?"

"애들아! 야채 나라는 지금 슬픔에 빠져 있어. 어린이들이 우리를 먹지 않기 때문이야. 이대로 가면 우리는 어린이들의 식탁에서 영원히 쫓겨나고 말 거야. 그래서 야채 나라 친구들 중에서 가장 힘이 세고 튼튼한 내가 너희들에게 야채 나라를 구경시켜주려고 온 거야."

은이와 원이는 어리둥절했지만 재미있을 것 같아서 얼른 새송이버섯의 등에 업혔어요.

새송이버섯은 "자아, 출발!" 하고 우렁차게 외치더니 슈웅 날아가기 시작했어요. 엄청나게 빨랐지만 든든하고 푹신한 새송이버섯의 등에 앉아 있으니 하나도 무섭지 않았어요.

"자아, 도착했어!"

은이와 원이는 새송이버섯의 등에서 내려 주변을 둘러보았어요.

우와~ 여기가 야채 나라인가 봐요. 모든 것이 야채로 만들어져 있네요.

커다랗고 알록달록한 버섯 집, 튼튼한 브로콜리 나무, 코스모스처럼 바람에 하늘거리는 팽이버섯들이 있었어요.

버섯 집의 문이 열리고 야채들이 하나 둘씩 은이와 원이를 향해 걸어왔어요.

가장 먼저 당근이 콩콩콩 뛰어 은이에게 다가왔어요.

"안녕, 은이야! 나는 당근이야. 저번에 네가 나를 먹지 않겠다고 해서 얼마나 속상했는지 몰라."

당근의 말에 은이는 미안했어요. 가까이서 보니 당근의 주황색 얼굴이 참 예뻤어요.

"은이야, 너는 눈이 정말 예쁘구나. 나를 많이 먹으면 예쁜 눈이 보석처럼 더 반짝일 거야. 그건 몰랐지? 나를 먹으면 처음엔 퍼석퍼석하고 맛이 없을지도 몰라. 그래도 꼭꼭 씹으면 아주 달콤한 맛이 난단다."

당근이 말했어요.

이번에는 자동차 바퀴처럼 생긴 연근이 원이를 향해 데굴데굴 굴러왔어요.

"원이야, 나를 타고 여기저기 다녀보지 않을래?" 원이는 연근 위에 올라타 외발자전거를 굴리듯 이곳저곳을 신나게 달렸어요.

"우와~ 재미있다!"

원이는 그동안 맛이 없다며 먹지 않은 연근과 친해진 기분이었어요. 앞으로 엄마가 연근 반찬을 해주면 꼭 먹어야지 하고 생각했지요.

이번엔 브로콜리가 은이에게 통통 튀어왔어요.

"오늘 날씨가 무척 덥지? 내가 그늘을 만들어줄게."

브로콜리는 은이의 머리 위로 나무처럼 그늘을 만들었어요.

그러자 오이도 얼른 뛰어와서 몸 한쪽을 내어주었어요.

"목이 마르면 나를 한입 먹어봐. 얼마나 시원한지 몰라. 입속에 넣으면 마트에서 파는 음료수보다 훨씬 더 시원할걸!"

하얀 배추도 질세라 달려와서 배춧잎으로 은이를 부채질했어요.

"와아~ 정말 시원하다!"

은이가 땀을 식히며 좋아하자 야채들도 모두 신나했어요.

"은이야, 우리는 각자 다른 맛과 영양소를 가지고 있어. 너는 고기를 제일 좋아하지만, 우리도 같이 먹으면 더 건강하고 튼튼해질 거야. 네가 우리와 친해지면 좋겠어!"

연근을 타고 즐거워하는 원이에게 양파가 다가왔어요.

"원이야, 나는 자르면 이렇게 동그란 모양이 돼. 큰 동그라미부터 작은 동그라미까지 나를 통과하는 놀이를 해볼래?"

원이는 신이 나서 큰 동그라미부터 작은 동그라미까지 한 줄로 선 양파를 왔다 갔다 했어요.

'양파는 맵고 이상한 맛이 나는 줄만 알았는데 그게 아니었어. 정말 재미있는 친구네!'

원이는 그동안 음식에 든 양파를 안 먹겠다고 골라낸 것이 미안했어요.

"어린이들이 먹기에는 내가 조금 매울 수도 있어. 하지만 엄마가 어린이한테 줄 때는 불에 익혀 주시기 때문에 하나도 맵지 않아. 아마 달콤한 맛이 나기도 할걸?"

원이의 마음을 알아차린 듯 양파가 말했습니다.

갑자기 어디선가 사이렌 소리가 울렸어요. 애앵애앵애앵~ 다급한 목소리가 이어졌습니다.

"큰일 났어! 점점 더 많은 어린이들이 야채를 싫어하고 초콜릿, 사탕, 젤리, 과자, 달콤한 음료수만 먹으려 해. 우리는 어린이들의 식탁에서 모두 쫓겨나게 됐어!"

은이와 원이가 주변을 둘러보니 야채들의 색깔이 누렇게 변하며 흐느적흐느적 시들어갔어요. 어떻게 해야 야채들을 도울 수 있을까요?

그때 두 아이를 야채 나라에 데리고 온 새송이버섯이 크게 외쳤어요.

"전 세계 어린이들! 야채 나라의 야채들이 죽어가고 있어요! 어린이들이 우리를 먹지 않으면 어린이들의 몸속에 들어가 건강하게 만들 수 없어요. 지금 당장 어린이들은 약속해주세요. 내일 아침에 일어나면 엄마가 주시는 야채를 모두 잘 먹겠다고요. 어린이 여러분이 약속하면 우리 야채들은 다시 살아날 수 있어요. 모두 새끼손가락을 하늘 높이 들어주세요!"

은이와 원이도 손을 번쩍 들고 허공에 새끼손가락을 걸었어요.

새송이버섯의 외침에 전 세계 어린이들도 새끼손가락을 걸었나 봐요.

흐느적거리던 야채들이 점점 파릇파릇해졌어요. 다시 선명한 색깔을 되찾고 꼿꼿하고 싱싱한 모습으로 돌아오기 시작했어요.
은이와 원이는 다시 싱싱해진 야채들을 보니 너무나 기뻤어요.

"어린이들이 우리를 맛있게 먹어주기로 약속했으니, 우리도 어린이들이 쑥쑥 건강하게 자랄 수 있도록 노력할게. 은이야, 원이야, 이제 집으로 데려다줄게!"
새송이버섯은 다시 아이들을 등에 태워서 집으로 데려다주었습니다.

다음 날 아침, 은이와 원이는 엄마에게 외쳤어요.
"엄마, 나 당근하고 버섯 주세요!"
"엄마, 나는 양파도 먹을 수 있어요!"
"엄마, 나는 연근이랑 친해져서 이제 연근도 먹을 거예요!"
엄마는 어리둥절했지만 기쁘게 웃었어요. 그리고 아침밥을 차릴 때 야채 반찬을 많이 만들어서 식탁에 올렸어요.
은이와 원이는 엄마가 만든 야채 반찬으로 맛있게 밥을 먹었어요. 야채들이 이렇게 달콤하고 맛있는지 처음 알았으니까요.

엄마의 생각 주머니

　아이들이 버섯을 잘 먹지 않던 날 들려주었던 동화예요. 정확히는 잠자리에서의 이야기가 아니라 밥상머리에서 들려줬던 이야기예요. 아이가 두 돌까지는 야채를 제법 먹고 나물도 좋아하더니, 조금씩 입맛이 변한 건지 "엄마 이것 말고 맛있는 건 없어?"라며 투덜댑니다. 기껏 차렸는데 "이것 말고 맛있는 것!" 달라고 하면 속에서 열불이 나죠. 그래서 즉흥적으로 해준 이야기인데, 아이들은 이 이야기를 들으며 즐겁게 버섯을 먹었어요.

　야채 나라의 야채들이 전 세계 어린이에게 야채를 잘 먹겠다는 손가락을 걸어달라고 외치는 장면은 동화〈피터팬〉에서 따왔어요.〈피터팬〉의 팅커벨이 피터팬 대신 독을 먹고 죽어가던 순간, 요정을 믿는 어린이들은 박수를 쳐달라고 하던 장면을 기억하세요? 전 그 장면을 읽을 때마다 책을 내려놓고 정말 열심히 박수를 쳤던 어린이였어요. 내가 박수를 쳐야만 팅커벨이 살아나서 네버랜드에서 계속 즐겁게 지낼 수 있을 것 같았거든요. 야채 나라의 야채를 살려주자고, 내일 아침에는 야채를 잘 먹자고 약속하는 손가락을 걸어보자고 하면 아이들은 꼭 그렇게 합니다. 어둠 속에 누워서 아이들이 손을 들고, 새끼손가락을 허공에 거는 모습을 보면 너무 귀엽고 애틋해요. 다음 날 아침 약속했던 것처럼 야채를 잘 먹으면 더욱 좋겠지요. 하지만 그렇지 않더라도 아이들은 이 야채 이야기를 또 해달라고 하고, 새송이버섯의 외침에 늘 손가락을 내밉니다. 그게 아이들이지요.

아이들에게 이야기를 들려주며 이야기의 힘이 무엇일까, 가끔 생각해봅니다. 이야기로 아이들의 행동 자체를 변하게 할 수는 없을 거예요. 아이들을 변화시키는 건 오로지 오랜 시간 동안 부모가 보이는 '본'뿐일 겁니다.

저도 종종 아이들에게 욱하고 소리를 지를 때가 있습니다. 그런 날 밤, 아이들에게 그날 다 하지 못했던 말을 이야기를 통해 들려주곤 합니다. 야채를 먹으라고 버럭 소리를 지르는 대신 새송이버섯의 간절한 외침을 들려주고, 그동안 친하지 않았던 야채들이 다정하게 말을 걸어오는 장면을 상상하면서 같이 어둠 속에서 헤헤거리는 시간. 결국 엄마인 저와 아이들이 사랑을 쌓아가는 시간이라고 생각합니다.

그리 머지않은 훗날, 아이들은 야채 나라 이야기를 더 이상 믿지 않게 될 겁니다. 하지만 매일 밤 조금씩 들려준 이야기와 그 속에서 우리가 나누었던 따스하고 정다운 느낌은 아이들 안에 차곡차곡 쌓여갈 겁니다. 그래서 이 이야기를 듣고 약속한 아이들이 내일 아침 야채를 먹지 않더라도 실망하지는 않을 겁니다. 중요한 건, 우리가 그날 밤 이불 속에서 나누었던 따뜻하고 맑은 웃음일 테니까요.

더 이야기해주세요

- 우리 집 아이들은 새송이버섯을 잘 안 먹어서 새송이버섯이 데리러 오는 것으로 했는데, 새송이버섯 대신 이야기를 듣는 아이들이 잘 먹지 않는 다른 야채로 바꿔서 이야기해주면 좋아요.
- 엄마가 어렸을 때 잘 먹지 않았던 야채는 무엇이 있는지, 지금은 어떻게 바뀌었는지도 이야기해주면 아이가 열심히 들어요.

예시: "엄마는 어렸을 때 가지를 안 먹었어. 야채가 보라색인 건 정말 이상하다고 생각했지. 지난번에 너희들도 가지 냉국에 든 가지가 물컹물컹 이상하다고 안 먹었잖아, 그치? 그런데 엄마가 어른이 되니까 갑자기 가지가 맛있더라. 가지를 잘라서 치즈를 뿌려 구운 것도 맛있고 스파게티에 가지를 넣으면 너무 맛있는 거야! 지금은 먹기 싫은 음식도 언젠가는 먹고 싶어질 수 있어. 그러니까 연근이랑 양파랑 배추랑 당근을 이상한 야채라고 생각하지 말고, '언젠가는 한번 먹어봐야지'라고 생각해보자."

이야기 다섯

예쁜 얼굴보다 예쁜 마음
자라의 선물

자 라 의
선   물

옛날 어느 마을에 은이라는 아이가 살았어요.

은이는 엄마도 친구도 잘 도와주는 마음씨 착한 아이였습니다.

어느 날 은이가 길을 가는데, 작은 연못이 보였어요. 은이는 연못 안에 뭐가 있는지 궁금해서 들여다보았어요. 그런데 그때 자라 한 마리가 연못 안에서 엉금엉금 기어 나오며 말했어요.

"꼬마야. 나 너무 배가 고파서 그러는데 먹을 것 좀 줄 수 있니?"

은이는 자라가 가엾어서 주머니를 뒤져보았어요. 마침 주머니 안에 은이가 아껴 먹으려고 넣어둔 복숭아맛 마이쭈가 하나 있었어요.

은이는 마이쭈를 먹고 싶어서 자라한테 줄까 말까 망설였어요. 그런데 자라가 너무 불쌍해서 마이쭈를 주고 말았어요. 자라는 목을 쭈욱 내밀더니 마이쮸를 덥석 물고 냠냠 맛있게 먹었어요. 그 모습을 지켜보는 은이의 입안에 군침이 돌았어요. 아아~ 내 복숭아맛 마이쮸! 마지막 하나 남은 건데!

은이는 자라에게 물어보았어요.
"그건 내가 아껴 먹으려고 둔 건데, 너는 나한테 뭘 줄 거니?"
그러자 자라가 등껍질 속에 꾸물꾸물 손을 집어넣더니 무엇인가를 꺼내서 은이 손에 쥐어주었어요.
그건 반짝반짝 빛나는 무지개 구슬이었어요.
"우와, 정말 멋진 구슬이다. 근데 이건 어디에 쓰는 거니?"
은이가 묻는 말에 대답도 하지 않고 자라는 다시 연못 안으로 스르륵 들어가버렸어요.

은이는 주머니에 자라가 준 구슬을 넣고 타박타박 집으로 걸어갔어요.
그런데 이상한 일이 벌어졌어요. 은이를 만나는 사람들마다 은이가 너무 예쁘다며 머리를 쓰다듬고, 뽀뽀를 하고, 손을 잡으려고 했어요.
"이 세상에서 제일 예쁘고 사랑스러운 아이구나!"
"어머~ 어쩌면 이렇게 눈이 반짝일까? 우리 집에 가서 살지 않을래?"
"너랑 같이 놀고 싶어! 내 장난감을 다 줄게. 나랑 친구하자!"

갑자기 모든 사람이 자신을 칭찬하자, 은이는 어리둥절했어요.

그래서 "칭찬해주셔서 감사합니다."라고 공손히 인사를 했어요.

다음 날도, 그 다음 다음 날도 모두가 은이를 예뻐했어요. 그러자 은이의 마음속에는 자기도 모르게 잘난 척하는 마음이 생기기 시작했어요.

'아~ 정말 귀찮아. 내가 무슨 말을 하고 어떤 행동을 해도 사람들이 모두 날 좋아해.'

다른 사람을 도와주기 좋아하던 착한 은이가 변하기 시작했어요. 은이의 마음에 조금씩 까만 마음이 들어왔던 거예요. 은이가 아무리 버릇없이 행동해도 사람들이 은이를 좋아했거든요.

은이는 모르고 있었지만, 그 이유는 자라가 준 무지개 구슬 때문이었어요. 그 구슬은 은이가 모든 사람의 눈에 예쁘고 사랑스럽게 보이게 하는 마법의 구슬이었어요. 은이는 그것도 모르고 조금씩 버릇없는 아이가 되어갔어요.

"저리 가요. 귀찮단 말이에요!" 하면서 함부로 말하고,

"누가 이런 걸 가져오랬어? 더 맛있는 걸 달란 말이야! 빨리 사탕이나 초콜릿 줘!"라며 소리를 지르고, 발을 동동 구르고 물건을 집어던지고,

"바보, 멍청이, 똥개! 너랑 안 놀아! 저리로 가!"라며 못된 말을 했어요.

그래도 사람들은 은이를 좋아했어요.

그러던 어느 날 은이는 유치원에 가다가 주머니 속에 있던 구슬을 땅에 떨어뜨렸어요. 구슬은 또르르 굴러서 풀숲 안으로 쏙 들어가버렸어요.

은이는 구슬이 조금 아까웠지만 신경 쓰지 않았어요.

'흥, 저런 구슬은 문방구에 가면 얼마든지 살 수 있어!'

그런데 그때부터 이상한 일이 벌어졌어요. 사람들이 아무도 은이를 예뻐하고 좋아하지 않았어요.

은이는 구슬 때문에 사람들이 자기를 예뻐한다는 것을 몰랐어요. 그래서 사람들에게 사랑받는 것을 당연하게 생각하고 함부로 행동했던 거예요. 구슬을 잃어버린 다음에도 은이는 못된 행동과 말투를 고치지 않았어요. 그럴수록 사람들은 점점 더 은이를 예뻐하지 않았어요. 친구들도 더 이상 같이 놀자며 찾아오지 않았어요.

구슬 때문에 누구에게나 사랑받는 아이가 되었지만, 그 구슬이 없어지고 나서는 처음의 예쁘고 착했던 마음까지 모두 잃어버리고 만 거예요. 은이는 한 가지 중요한 사실을 깨달았어요.

사람들 눈에 보이는 예쁜 모습보다 눈에 보이지 않는 따뜻하고 착한 마음이 더 소중하다는 것을요.

엄마의 생각 주머니

    이 이야기는 일연의 〈삼국유사〉를 읽으며 생각한 것입니다. 신라 원성왕 때 한 절의 상좌 중이 법회 기간 동안 우물에 사는 자라를 공양했대요. 그 자라에게 "내가 너를 공양했는데 너는 나에게 무엇을 줄 것이냐?"고 물었더니 자라가 조그만 구슬을 주더랍니다. 그래서 그것을 허리띠 끈에 매달고 다녔는데, 그때부터 모든 사람이 그를 총애했답니다. 그런데 그 구슬을 임금에게 빼앗기자, 아무도 그를 사랑하고 신임하는 이가 없더라는 말로 이 짧은 설화는 끝납니다. 그런데 저는 이 설화를 읽으며 그런 생각을 했어요. 사실 이 중은 그 자체로도 충분히 매력 있는 사람이었는데, 구슬을 얻고 나서 아무렇게나 행동하고 대충 살아도 사람들이 자기를 총애했기에 원래의 덕과 품성을 모두 잃어버린 건 아닐까, 라고요. 구슬을 잃고 나니 그에게는 결국 아무것도 남지 않은 거지요. 그 설화가 오랫동안 제 마음에 남아서 이 이야기를 아이의 눈높이에 맞게 각색해서 들려주었습니다.

해피엔딩이 아니긴 하지만 저는 이 이야기를 통해 '자신을 잃지 않는 것'이 무엇인지 생각하곤 해요. 아이에게 들려주는 이야기는 언제나 제 속의 작은 아이에게 들려주는 이야기이기도 하니까요. 누군가가 나의 외적인 조건을 칭찬할 때가 있습니다. 저는 칭찬과 인정에 취약한 사람이라 그럴 때면 중심이 훅하고 흔들리곤 합니다. 하지만 그런 시간이 끝나면 후유증이 있습니다. 동화 속의 은이처럼, 설화 속의 상좌 중처럼 아무것도 남지 않은 것 같은 자신을 발견하게 되기도 하거든요.

그래서 변하는 것들에 혹하지 말고 변하지 않을 나의 내면에 집중하자고 생각합니다. 아이도 그렇게 내면이 굳건하고 뿌리가 단단한 아이로 자라주기를 기도합니다. 동화 속의 은이는 예쁜 겉모습보다 예쁜 마음이 중요하다는 걸 뒤늦게 깨달았지만, 깨달은 자리에서 다시 시작하면 되니까요.

아이에게 이 이야기를 들려준 후 "그럼 은이는 앞으로 어떻게 해야 할까?"라고 물었습니다. 아이는 곰곰이 생각하더니 대답했어요. "구슬을 다시 찾아야지!"

하하하! 갈 길이 먼 것 같습니다. 그래도 괜찮아요. 낼모레 마흔이 되는 엄마도 어디 그런 구슬 없나 매일 눈을 치뜨고 다니니까요. 그러니 이 이야기는 아이에게, 또 나 자신에게 몇 번이고 반복해서 들려줘도 좋을 것 같습니다.

더 이야기해주세요

◆ 아이에게 동화 속의 은이는 이제 어떻게 하면 좋을지 이야기를 이어가게 해주세요. 어떤 솔직한 대답이라도 괜찮으니 즐겁게 들어주세요.

◆ 다소 철학적인 내용이라 아이가 동화를 한번에 이해하지 못할 수도 있어요. 엄마의 이야기를 덧붙이면서 아이와 대화를 나누다 보면, 그런 대화를 통해 아이가 이야기를 자기 나름대로 해석하고 알아듣게 됩니다.

예시: "이야기 속의 은이는 사람들이 칭찬하고 예뻐하니까 자꾸 까만 마음이 들어와서 못된 행동을 했잖아. 엄마도 어렸을 때 어느 대회에 나가서 상을 탔는데, 선생님과 주변 어른들이 칭찬을 많이 해주셨어. 그래서 엄마도 모르게 까만 마음이 들어왔단다. 그래서 엄마만큼 못하는 친구들에게 잘난 척도 했지. 지금 생각하면 참 어리석었던 것 같아. 사랑받고 칭찬받을 때 감사히 여기고 마음을 예쁘게 가지기가 참 어려워. 아마 은이도 더 자랄수록 그런 걸 느끼게 될 거야. 엄마는 어른이지만 아직도 그렇게 하는 게 참 어렵거든. 그럴 때마다 이 이야기를 생각하며 하얀 마음, 예쁜 마음을 가지게 해달라고 같이 기도하자."

이야기 여섯

친구는 좋은 일을 함께 해요
친구가 된 핑크 물고기와 톱상어

**친구가 된 핑크
물 고 기 와
톱 상 어**

푸르고 깊은 바닷속에 핑크 물고기가 살았어요.

핑크 물고기는 온몸의 비늘이 핑크색으로 반짝반짝 빛나는 예쁜 물고기였어요. 핑크 물고기는 비늘만 예쁜 게 아니라, 바닷속 친구들을 도와주고 좋은 것은 나누는 착한 물고기였어요. 그래서 모두 핑크 물고기를 좋아했어요.

바다에는 톱날처럼 뾰족뾰족 날카로운 이빨이 가득한 주둥이를 가진 톱상어도 살고 있었답니다.

모두들 톱상어를 무서워하고 슬금슬금 도망갔어요. 톱상어는 자기를 피하는 친구들이 미워서 더 심술궂게 굴었어요. 일부러 길고 날카로운 주둥이를 마구 휘두르면서 다녔답니다.

"저리 비켜! 저리 비키라고! 이 귀찮은 녀석들아!"

바닷속 친구들은 톱상어가 저 멀리 보이기만 해도 산호초나 바위 사이로 숨거나 멀리멀리 달아났어요.

어느 날, 톱상어와 핑크 물고기가 딱 마주쳤어요. 톱상어는 이때다 싶어 화가 잔뜩 난 사나운 목소리로 말했어요.

"오호~ 네 녀석이 바로 모두가 좋아한다는 그 핑크 물고기냐? 네가 다른 물고기들을 잘 도와준다며? 그렇다면 내 친구도 되어줄 테냐? 안 그러면 너를 한입에 잡아먹을 테다!"

핑크 물고기는 하나도 겁내지 않고 태연하게 말했어요.

"좋아! 이제부터 우리 친구 하자!"

톱상어는 속으로 깜짝 놀랐어요. 자신과 친구가 되어준 물고기는 지금껏 하나도 없었거든요.

톱상어는 속으로 기분이 좋았지만 티내지 않고 계속 험상궂은 표정을 지으며 생각했어요. '이 녀석은 내가 무서우니까 친구를 하겠다는 거야. 같이 놀려면 더 무섭게 보여야 해!'

"자, 우리는 친구니까 날 따라와! 나랑 재미있는 놀이를 하자!"

톱상어는 신이 나서 여기저기 헤엄쳐 다녔어요. 그러다 말미잘을 발견하고 그 아래를 휙휙 파헤쳤어요.

말미잘 아래 바위에는 엄마 물고기가 낳은 알들이 다닥다닥 붙어 있었어요. 톱상어가 낄낄 웃으면서 핑크 물고기에게 말했어요.

"우리 이 알을 하나씩 깨버리자! 조그만 녀석들이 꼬리를 살랑대면서 다니는 모습은 정말 꼴사납거든."

그 말에 깜짝 놀란 핑크 물고기가 큰 소리로 말했어요.

"안 돼! 그건 나쁜 짓이야."

그 말에 기분이 상한 톱상어가 소리치며 대꾸했어요.

"넌 나랑 친구라면서? 친구라면 내가 하자는 걸 해야 하잖아!"

그래도 핑크 물고기는 겁내지 않고 말했어요.

"친구는 좋은 일을 함께 하는 거야. 알이 다 깨지면 엄마 물고기가 슬퍼할 거야. 아무리 친구라도 그런 나쁜 짓을 해서는 안 돼!"

톱상어는 깜짝 놀랐어요. 그동안 아무도 자신에게 나쁜 짓이 무엇인지 알려주지 않았거든요. 톱상어는 핑크 물고기에게 다시 물어보았어요.

"그, 그럼 어떤 게 좋은 일인데?"

"날 따라와!"

핑크 물고기는 요리조리 빠르게 헤엄치며 주변을 둘러보았어요. 함께 바닷속을 누비던 핑크 물고기와 톱상어는 산호초에 다리가 걸려 움직이지 못하는 오징어 할머니를 발견했어요.

오징어 할머니가 이리저리 몸을 움직일수록 긴 다리는 산호초에 더욱 더 엉키기만 했어요.
"할머니의 다리를 산호초에서 풀어드리자."
　핑크 물고기가 톱상어에게 말했어요.

톱상어와 핑크 물고기가 다가오자 오징어 할머니는 무서워서 열 개의 다리를 벌벌 떨었어요. 톱상어가 자기를 잡아먹거나 못살게 굴 거라고 생각했기 때문이에요.

오징어 할머니의 표정을 보자 톱상어는 기분이 나빠졌어요.

"거봐! 아무도 나를 좋아하지 않아. 내 도움을 원하지 않는다고!"

그때 핑크 물고기가 오징어 할머니에게 말했어요.

"오징어 할머니! 톱상어는 제 친구예요. 할머니를 해치지 않을 거예요. 저와 톱상어는 할머니를 도와드리러 온 거예요."

핑크 물고기는 톱상어에게 말했어요.

"톱상어야, 너의 길쭉한 주둥이로 오징어 할머니의 엉킨 다리를 풀어드릴 수 있을 거야."

톱상어는 오징어 할머니에게 다가가 길고 뾰죽한 톱처럼 생긴 주둥이를 산호초와 할머니의 다리 사이에 넣고 조심조심 움직이기 시작했어요.

산호초도 다치지 않고 오징어 할머니도 다치지 않게 하느라 진땀이 날 정도였어요.

마침내 오징어 할머니의 엉킨 다리가 풀렸어요!

오징어 할머니와 핑크 물고기, 톱상어는 신이 나서 "와!" 하고 소리쳤습니다.

"톱상어야, 고맙구나. 정말 고맙구나."

오징어 할머니는 몇 번이나 고맙다는 인사를 하며 자유롭게 헤엄치기 시작했어요.

처음으로 고맙다는 이야기를 들은 톱상어는 기분이 얼떨떨했어요.

이럴 때는 어떤 표정을 지어야 할지 몰라서 얼굴만 빨개졌지요.

그런 톱상어를 보며 핑크 물고기가 말했어요.

"톱상어야, 톱처럼 생긴 네 주둥이는 바닷속 친구들을 도와줄 수 있는 아주 특별한 선물이야! 나는 너의 친구가 되어서 정말 기뻐!"

핑크 물고기의 따뜻한 말에 톱상어는 괜히 눈물이 날 것만 같았어요.

모두 자기를 무섭다고 싫어해서 일부러 톱을 휘두르면서 사나운 척을 했거든요. 바닷속 친구들이 무서워하는 자신의 주둥이가 특별한 선물이라니요! 톱상어는 너무나 기뻤어요.

핑크 물고기와 톱상어는 함께 바닷속을 누비며 좋은 일을 하기 시작했습니다.

뒤집어져서 데굴거리며 일어나지 못하는 아기 거북이들을 일으켜주기도 하고, 엄마를 잃은 아기 물고기들 입에 맛있는 미역 조각을 넣어주기도 했어요.

배고파하는 아기 물고기들이 냠냠 먹이를 받아먹으면서 "톱상어 엄마! 톱상어 엄마!" 하고 귀여운 목소리로 부를 때는 자기도 모르게 얼굴이 빨개졌답니다.

누군가를 돕는다는 건 정말 행복한 일이었어요.

그런데 신기한 일이 일어났어요.

험상궂고 무서운 표정만 짓던 톱상어의 얼굴이 조금씩 변하기 시작했어요. 즐겁고 행복한 마음이 톱상어의 얼굴을 변하게 만들었나 봐요. 톱상어는 점점 예뻐졌어요.

불평과 미움, 짜증만 가득하던 눈동자는 '오늘은 누구를 도와줄까?'라는 따뜻한 마음이 가득한 고운 눈동자가 되었어요.

모두가 톱상어를 환영하고 좋아하게 되었습니다.

오늘도 톱상어는 핑크 물고기와 함께 바닷속 친구들을 열심히 도와주고 있답니다.

엄마의 생각 주머니

'진짜 친구는 좋은 것을 함께 하는 사이'라는 말을 들려주고 싶었어요. 신문이나 방송에서 청소년들이 무리지어 상상도 못할 범죄를 저질렀다는 기사를 볼 때면 눈앞이 캄캄해집니다. 아무도 이 아이들에게 진짜 친구란 좋은 것을 함께 하는 사이라고 말해주지 않았을까요. 그 아이들 안에도 분명 존재하는 빛나고 아름다운 것을 그 누구도 알아봐주지 않은 걸까요.

아이들을 키우면서 늘 기도하는 한 가지가 있다면, 아이들에게 '만남의 축복'을 달라는 것입니다. 아이들이 좋은 사람들을 만나서 그들과 함께 아름다운 열매를 맺어갈 수 있었으면 좋겠습니다.

또한 어떤 이들을 만나든지 그 사람 안에 있는 빛나고 아름다운 것을 발견할 수 있는 고운 눈을 달라고도 기도합니다. 엄마의 기도는 땅에 떨어지지 않는다고 들었습니다. 우리의 아이들이 자라면서 만나는 모든 이와 서로 좋은 벗이 되기를 언제나 바라고 기도합니다.

더 이야기해주세요

- 톱상어는 주둥이가 길고 뾰족뾰족한 이빨이 달려 있는 상어예요. 아쿠아리움에서 본 이 톱상어의 길쭉한 주둥이 흉내를 내느라 두 팔을 입 앞으로 모아 휘적거리면서 이야기를 들려주었더니 아이들이 너무 재미있어 했어요. 오징어 할머니의 다리를 풀어주는 장면에서는 함께 끙끙대며 열심히 팔을 휘저었지요.

- 핑크 물고기와 톱상어처럼 누군가를 도와주고 싶은 적이 있었는지, 누군가를 도와줬을 때 기분이 어땠는지 물어봐주세요. 저는 이렇게 물어보았어요.

"예시: 요새 너희가 밥을 잘 안 먹어서 엄마는 걱정이 돼. 은이와 원이는 어떤 반찬이 먹고 싶니? 엄마가 내일 너희가 먹고 싶은 반찬을 꼭 해줄게. 그게 은이랑 원이가 건강하게 자랄 수 있도록 도와주는 방법인 것 같아. 은이랑 원이는 누구를 도와주고 싶어?"

아이들이 무심코 말하는 것 같아도, 엄마의 말을 흘려듣는 것 같아도 사실은 그렇지 않다는 걸 알게 될 때가 많아요. 이 이야기를 들려준 날, 아이들은 내일 아침에 일어나 엄마의 청소를 도와주겠다고 말하고 잠들었어요. 다음 날 아침, 다섯 살 큰아이는 자신이 본 책을 책장에 모두 꽂고, 세 살 작은아이는 블록을 상자에 넣어 정리했어요. 그리고 "엄마를 도와주니까 기분이 정말 좋아."라고 이야기했답니다.

〈하루 10분 꿀잠 동화〉와 함께 읽으면 좋은 책

∞ 가족의 진정한 의미

돼지책 | 앤서니 브라운 글·그림 | 웅진주니어

앤서니 브라운의 책을 여러 권 가지고 있는데 그의 책은 언제나 불패입니다. 최근에는 〈돼지책〉을 자주 읽어달라고 해요. 엄마를 밥 주고 청소하는 사람 쯤으로만 여기던 아빠와 두 남자아이들이 엄마의 부재 가운데 점점 돼지처럼 되어가는 장면이 통쾌하기도 하고요, 그림들 안에 숨어 있는 돼지를 찾아보는 것도 재미있어요. 피곳 씨와 아이들은 집에 돌아온 엄마의 일을 도움으로써 비로소 돼지에서 벗어납니다. 그리고 모두가 행복해지지요. 남자 일, 여자 일이 어디 따로 있겠어요. 가족은 서로 돕고 함께함으로써 점점 더 사람다워지는 관계인 거죠.

∞ 함께한다는 것의 가치

개구리네 한솥밥 | 백석 동화시 | 유애로 그림 | 보림어린이문고

백석 시인의 시를 좋아하는데 동화시 그림책이 있어서 얼른 구입했지요. 형네 집으로 쌀을 얻으러 간 개구리는 가는 길에 만난 소시랑게, 방아깨비, 쇠똥구리, 하늘소, 개똥벌레를 도와줍니다. 늦은 밤이 되어서야 벼를 얻어 집으로 돌아오는 험난한 길에 그동안 도와주었던 친구들이 하나 둘 나타나 개구리를 돕고, 마침내 벼로 밥을 지어 기쁘게 나누어 먹지요. 개구리가 '뿌구국' 물어본다든지, '덥적덥적' 길을 간다든지 하는 귀여운 우리말 표현들이 있어 아이는 '뿌구국 개구리 책'을 읽어달라고 하지요. 내가 누군가를 도우면 그게 나의 손해인 것만 같을 때도 있지만, 긴 시각으로 보면 누군가를 돕는 것이 결국 나를 돕는 일이기도 하다는 것, 혼자가 아닌 함께의 가치를 알려주고 싶을 때 참 좋은 책이에요.

미용실,
미역국,
미안해!

옛날 옛날 숲 속 마을에 귀여운 아기 펭귄 포티와 예쁜 아기 비버 로피가 살고 있었어요. 두 아이는 항상 예쁜 치마를 입고 손을 잡고 숲 속을 산책하는 사이좋은 친구였어요.

요리를 잘하는 로피는 친구들에게 맛있는 블루베리 케이크를 만들어서 대접하고 싶었어요. 밀가루와 설탕, 버터와 달걀을 잘 반죽해 케이크를 구운 다음, 케이크 위에 달콤한 블루베리를 가득 올리고 싶었답니다.

그런데 냉장고를 열어보니 블루베리가 똑 떨어진 게 아니겠어요. 로피는 블루베리를 빌리러 포티네 집으로 갔어요.

"포티, 케이크를 만들 건데 블루베리가 똑 떨어졌어. 블루베리가 있으면 좀 빌려줄래?"

포티는 "그래. 잠깐만 기다려." 하고 말했어요. 잠시 후 포티는 블루베리가 가득 든 바구니를 로피에게 주었어요.

로피는 바구니를 들고 얼른 집으로 와서 케이크 위에 먹음직스런 블루베리를 가득 올렸어요. 그리고 나서 친구들을 불러 즐거운 마음으로 케이크를 대접했어요.

"애들아, 내가 만든 블루베리 케이크야. 맛있게 먹어!"

친구들은 신이 나서 케이크를 입에 넣었어요.

그런데 이게 무슨 일이에요! 친구들 입안에서 "빠그작!" 하는 소리가 났고, 모두 울상이 되어 로피에게 따졌어요.

"로피, 너무해! 이가 다 빠져버리는 줄 알았어!"

"맛있는 케이크라더니, 너 우리를 놀린 거야?"

맞아요. 로피가 케이크 위에 올린 건 블루베리가 아니라 포티의 집에서 빌려온 보라색 구슬이었어요. 포티는 바구니 안을 제대로 확인하지도 않고 블루베리라고 생각하고 로피에게 준 거예요.

로피는 너무 부끄럽고 창피해서 포티를 찾아가 화를 냈어요.

"포티 너, 너무해! 난 이게 블루베리인 줄 알고 케이크 위에 올렸잖아!"

집으로 돌아온 로피는 화가 잔뜩 나서 문을 걸어 잠그고 포티를 만나려 하지 않았어요.

포티도 화가 났지요.

'내가 일부러 그런 것도 아니잖아! 로피 네가 확인만 했어도 이런 일은 벌어지지 않았을 거야!'

포티도 억울한 마음이 들어 따지고 싶었지만 로피가 더 많이 속상했을 걸 생각하니 사과를 하고 싶었어요. 그런데 먼저 사과하는 게 부끄러워서 자꾸만 미안하다는 말을 하지 못하고 망설였어요.

"저기, 로피!"
"흥, 왜 왔니?"
"너, 너한테 할 말이 있어."
"흥, 뭔데?"
"미… 미… 미용실!"
"뭐라고?" 로피는 어이가 없었어요.
"아니, 저, 내가 할 말은 미… 미… 미역국!"
"뭐? 지금 날 놀리는 거니?"
로피는 화가 나서 씩씩거리며 집으로 들어가버렸어요.

"미안해."라고 한마디만 하면 되는데, 그 말이 왜 그렇게 어려웠을까요? 맞아요. 미안하다는 말을 하려면 용기를 내야 해요.

며칠 후에야 포티는 결심을 하고 로피를 찾아가 미안하다고 사과했답니다.

그 말을 하고 나니 얼마나 속이 후련했는지 몰라요.

포티의 사과에 로피도 "나도 그게 블루베리가 맞는지 확인하지 않았잖아. 내가 먼저 사과했어야 하는데, 정말 미안해."라고 말했어요.

그런데 로피와 화해를 하고 나서도 포티는 로피와 예전처럼 친하게 지낼 수 없었어요. 포티는 로피의 눈을 똑바로 쳐다보는 게 너무 힘들었어요.

또, 친구들이 빠그작! 하고 보라색 구슬을 깨물었던 모습이 계속 생각났어요.

그때 당황해서 얼굴이 새빨개지던 로피의 얼굴이 떠올랐고, 그럴 때마다 미안한 마음이 들었어요. 그래서 로피의 눈치를 살폈던 거예요.

'로피가 아직도 나한테 화가 난 건지도 몰라.'

포티는 미안하고 또 미안해서 자꾸만 로피를 피했어요.

어느 날 포티에게 로피가 말했어요.

"포티, 혹시 아직도 나에게 미안해하는 거니? 우린 친구잖아. 화해하고 용서했으니까 이제 미안해하지 않아도 돼."

로피의 말에 포티는 깜짝 놀랐어요.

로피는 계속해서 말했어요.

"포티, 네가 나한테 아무리 잘못을 해도 나는 언제나 너에게 새롭게 기회를 줄 거야. 왜냐하면 우린 사랑하는 친구니까."

포티는 그때 알았습니다. 서로가 서로를 용서하고 안아줄 수 있는 사이라는 것을 믿는 데에도 용기가 필요하다는 것을요.

포티와 로피는 앞으로도 싸우고 다투겠지만, 그럴 때마다 한 번 또 한 번 서로에게 기회를 줄 수 있는 멋진 사이예요.

포티와 로피는 서로를 이해할 수 있는 친구라서 참 행복합니다.

엄마의
생각 주머니

　〈뽀롱뽀롱 뽀로로〉는 만화 속 각 캐릭터의 성격이 잘 드러나서 어른이 보기에도 참 재미있는 것 같아요. 이 이야기는 명랑하지만 덜렁대는 성격의 패티, 여성스럽지만 소심하고 잘 토라지는 성격의 루피를 떠올리며 쓴 것입니다. 이야기를 들려줄 때는 패티와 루피로 들려주면 아이들이 쉽게 연상하고 재미있어 하지요.
　아이나 어른이나 미안하다는 말을 하는 것은 참 어려운 일인가 봐요. 제가 이 이야기를 들려준 날은 아이에게 저도 모르게 분풀이를 해버린 날이었습니다. 어른답지 못한 제 자신이 몹시 부끄러웠지요.
　제가 그런 마음을 아는 분께 털어놓자 이렇게 말씀하셨어요.
　"너와 아이는 서로의 실수를 용서할 수 없을 만큼 얕은 관계인 걸까?"
　그 질문 앞에서, 저는 많은 걸 생각해보게 되었어요. 그리고 이 이야기를 잠자리에서 아이에게 들려주었지요.

이야기 속 포티는 미안하다는 말을 하는 게 너무 힘들어서, 그 말을 하려다가도 "미용실!" "미역국!"이라고 다른 말을 해버리고 맙니다. 그리고 미안하다는 말을 하고 나서도, 정말 로피가 자신을 용서해줄까 걱정하고 고민하지요. 사실 그건 아이에게 미안하다는 말을 어렵게 해놓고도 아이가 정말 나를 용서한 걸까, 거듭 고민하며 자책하던 저의 모습이기도 했어요.

그래서 이 이야기는 아이에게 해주는 이야기인 동시에 저 자신에게, 제 속의 어린아이에게 해주는 이야기이기도 합니다. 미안하다고 용서를 구할 수 있는 사이 자체가 얼마나 소중한지, 그리고 서로를 용서하고 잊어버리고 다시 시작할 수 있는 관계는 오직 사랑 안에서만 존재한다는 것을 저는 아이와의 하루하루에서 절절히 깨닫습니다.

언젠가 아이에게 '용서'가 뭐냐고 물어보자 "용서는, 다시 한 번 기회를 주는 거야."라며 자기만의 정의를 내린 적이 있습니다.

이 이야기를 들려주었던 밤에 저는 아이에게 물었습니다. "용서가 다시 한 번 기회를 주는 거라고 했지? 그러니까 엄마를 용서해주겠니?"라고요.

그러자 아이는 놀랍게도 이렇게 대답했어요.

"응, 앞으로도 엄마에게 계속해서, 계속해서 기회를 줄 거야. 한 번이 아니고."

이런 관계는 오직 사랑 안에서만 존재합니다. 빚을 꾸고 빚을 독촉하는 관계가 아닌 사랑하는 사이 안에서만 존재합니다.

아이들은 이제 겨우 다섯 살과 세 살입니다. 앞으로 더 많은 시간, 우리 모녀는 싸우고 다투고 때로는 의도치 않게 서로에게 무례할지도 모르며 큰소리를 치고 서로의 마음을 아프게 할지도 모릅니다.

그럼에도 우리는 알고 있지요. 그 속에서도 계속해서 용서하고, 용서

받으며, 사랑하고, 사랑할 것을요.

그러니 아이에게 미안한 마음이 든다면 용기 있게 말하세요. "엄마가 미안했어."라고요.

그리고 용기 있게 받아들여요. 내일은 더 좋은 사이가 될 거라는 사실을요.

더 이야기해주세요

- 미안하다는 말을 하기 어려웠던 엄마의 경험을 먼저 이야기해주고, 아이에게도 그런 적이 있었는지 묻고 들어보세요.

  예시: "엄마도 예전에는 미안하다고 먼저 말하면 지는 거라고 생각했어. 그런데 엄마가 어른이 되니까 알게 되었어. 미안하다고 먼저 말할 수 있는 사람이 정말 용감하고 멋진 사람이라는 것을 말이야. 자기 잘못을 인정하는 데에는 아주 큰 용기가 필요하거든. 그래서 엄마는 포티가 정말 용감하다고 생각해. 엄마도, 은이도, 원이도 그렇게 용기 있는 사람이 되면 좋겠어. 그리고 다른 사람이 진심으로 미안하다고 하면, 바로 용서하고 잊어버릴 수 있는 넓은 마음을 가질 수 있었으면 좋겠어."

- '미안해'의 '미'자로 시작하는 단어들을 찾아서 이야기를 늘리거나 바꿔보는 것도 재미있어요.

- 오늘 서로 미안했던 일이 있다면 이야기를 나누고, 미안하다고 말하는 아이를 격려해주세요. 그리고 미안하다고 말한 일은 자고 일어나면 까맣게 잊고 내일은 더 재미있게 지내자고 손가락을 걸고 약속해요.

오 늘 밤
나 는 돌 을
던 져 요

옛날 숲 속 마을에 아기 토끼가 살았어요. 이 착하고 귀여운 아기 토끼에게는 남들에게는 말하지 못할 고민이 하나 있었어요. 그게 뭐냐면, 친구들의 말이나 행동에 마음이 상하면 잠들기 전까지 계속해서 그 일을 생각하는 것이었어요.

어느 날 아기 토끼가 머리에 꽂은 노란 리본 핀을 보고 친구인 다람쥐가 말했어요.
"토끼야, 그 노란 핀보다 지난번에 꽂은 빨간 꽃핀이 훨씬 더 예뻐."
그러면 아기 토끼는 계속 생각했어요.
'이 노란 핀보다 빨간 핀이 예쁘다고? 앞으로는 빨간 핀만 하라는 얘긴가? 나한테 노란색이 어울리지 않는다는 말인가? 다람쥐 너는 뭐 노란색

이 잘 어울리는 줄 아니?'

밤에 침대에 누워서도 갑자기 다람쥐의 이야기가 생각나면 계속 마음이 불편했어요.

어느 날은 아기 여우랑 너구리와 함께 공놀이를 하는데, 토끼가 공을 제대로 차지 못하자 여우가 그러는 거예요.
"에이, 똑바로 좀 차!"
여우가 이렇게 말하고 혀를 쯧쯧 차자 토끼는 얼굴이 빨개졌어요. 그리고 집으로 돌아와서도 계속해서 생각했어요.
'정말 너무해! 어떻게 그렇게 말할 수 있어! 내가 원래 공차기를 잘 못하는 걸 알면서 그렇게 말하면 어떡해! 앞으로 여우랑 너구리가 나랑 공놀이를 하지 않으면 어떻게 하지? 난 누구랑 놀지?'
그런 생각을 하면 밥도 맛이 없고 잠도 잘 오지 않았어요.

또 어느 날은 친구들과 놀다가 서로 화가 났어요. 그때 여우와 사슴이 토끼에게 말했어요.
"토끼 너랑은 다시는 안 놀 거야!"
토끼는 너무나 속상했어요. 그 자리에서는 꾹 참았지만 집으로 돌아오는 길에 화가 나고 서운해서 눈물이 날 것 같았어요.
그러자 토끼는 또다시 계속 생각했어요. 생각을 안 하려고 해도 자꾸만 생각이 났거든요.

'정말 속상해! 나랑 안 논다고? 나는 이제 누구랑 놀지? 나는 외톨이가 된 건가? 내가 뭘 그렇게 잘못했다고 그러는 거야! 정말 속상해.'

아기 토끼는 생각할수록 점점 더 속상했어요.
그래서 숲 속에서 가장 나이가 많은 곰 할아버지를 찾아갔어요.
"할아버지! 친구들이 하는 말이 자꾸자꾸 생각나요. 그러다 보면 엄청나게 큰 돌이 내 마음에 있는 것처럼 무거워서 숨도 쉴 수가 없어요."

곰 할아버지는 토끼의 말을 듣고 한참을 생각하더니, 작은 주머니 하나를 내밀었어요.

"이게 뭐예요?"

"열어보려무나."

아기 토끼가 주머니를 조심스럽게 열어보니, 그 안에는 작고 동글동글한 조약돌 다섯 개가 들어 있었어요.

"할아버지, 이걸로 뭘 하죠?"

아기 토끼의 물음에 곰 할아버지가 천천히 대답하셨어요.

"친구들이 했던 서운한 말이 떠오를 때마다 그 말을 생각하면서 하나씩 멀리 던져보거라. 그러면 마음이 조금씩 편안해질 테니까."

정말 그럴까요? 토끼는 아리송했지만 집으로 돌아가서 곰 할아버지의 말씀처럼 해보았어요.

"오늘 다람쥐가 했던 속상한 말은 멀리 가라. 하나, 둘, 셋!"

"오늘 여우가 했던 말도 멀리 가라. 하나, 둘, 셋!"

"오늘 여우의 말에 맞장구쳤던 사슴의 표정도 멀리 가라. 하나, 둘, 셋!"

그렇게 말하면서 돌을 힘껏 던졌더니 신기하게도 기분이 조금 좋아졌어요.

다음 날 아기 토끼는 신이 나서 다시 곰 할아버지를 찾아갔어요. 곰 할아버지가 웃으면서 말씀하셨어요.

"이번에는 네가 크고 무거운 돌을 두 손으로 들고 있다고 생각해보렴. 마음이 무겁다는 것은 무거운 돌을 들고 있는 거랑 같은 거란다. 이제 너의 마음을 무겁게 하는 마음속 돌을 하나, 둘, 셋 하면서 저 멀리 던지는 거야!"

그 후로 토끼는 친구들의 말이 자꾸 생각나거나 속상할 때면 마음속에 있는 커다란 돌을 멀리멀리 던졌어요.

"이런 무거운 돌은 나한테 필요 없어. 어서 빨리 던져버려야지. 하나, 둘, 셋!"

매일매일 돌을 던지는 연습을 하고 나니 더 이상 친구들의 말을 생각하지 않게 되었어요. 친구들이 무슨 말을 해도 마음이 무겁지 않다는 것을 알았어요.

아기 토끼는 곰 할아버지를 찾아가서 감사하다고 인사를 드렸어요. 그러자 곰 할아버지가 웃으면서 말씀하셨어요.

"친구들의 말에 때로는 속상할 수도 있단다. 하지만 친구들은 너를 화나고 속상하게 하려고 그런 말을 하지 않았을 거야. 너를 미워해서 그런 말을 한 것도 아니란다. 너도 친구한테 친절하게 말하지 않을 때가 있지 않니? 친구가 속상한 말을 하면 그 말을 무거운 돌이라고 생각하고 멀리 던져버리렴. 무거운 돌을 가슴에 안고 있으면 너무 힘이 드니까 멀리 던

저버리면 좋겠지? 그런데 토끼야, 이제부터는 친구가 너를 화나고 속상하게 하는 말을 했을 때 너의 마음을 친구한테 솔직하게 이야기하면 어떻겠니? 친구가 너의 마음과 기분을 알면 다시는 그런 말과 행동을 하지 않을 수도 있단다."

그 후부터 토끼는 친구가 자신을 속상하게 하면 용기를 내서 솔직하게 이야기했어요.
"다람쥐야, 지난번에 나랑 친구 안 한다고 해서 많이 속상했어. 그런 말은 내 마음을 아프게 해."
"여우야, 나는 원래 운동을 잘 못하잖아. 네가 나한테 똑바로 좀 하라고 해서 굉장히 창피하고 슬펐어. 그래도 나는 너랑 공놀이를 하는 게 좋아."
토끼의 말을 듣고 친구들은 미안하다고 사과했어요. 어떨 때는 사과를 하지 않고 변명을 하기도 했어요. 어떤 친구는 들은 체 만 체했어요.
하지만 자신의 마음을 솔직하게 이야기하면서부터 토끼는 마음이 조금씩 편해졌어요. 어떤 생각을 하고 어떤 마음을 품을지는 토끼 자신이 결정할 수 있다는 생각이 들었거든요.
그래서 토끼는 오늘밤에도 돌을 던집니다.
"오늘 과자를 만들다가 태웠잖아. 그때 너무 속상하고 창피했어. 창피한 마음아 멀리 가라. 하나, 둘, 셋!"

엄마의 생각 주머니

어느 날 밤 아이가 잠자리에서 말했습니다.
"엄마, 오늘 친구들이 나한테 잔소리하고, 나랑 친구 안 한다고 자기들만 짝꿍이라고 했어."
"그래? 우리 은이가 너무 속상했겠다. 그래서 은이는 어떻게 했어?"
"속상했지만 꾹 참았어."
"그랬구나. 엄마가 어떻게 도와주면 좋을까?"
"꼭 안아줘."

다섯 살이 되면서 아이는 내 마음 같지 않은 남의 마음을 조금씩 실감하는 것 같습니다. 어린이집에서 함께 모여 노는 여자아이들과의 관계에서 오늘은 나랑 놀자, 오늘은 너랑 놀자로 실랑이를 하나 봅니다. 이런 모든 것이 자라는 과정이라고 생각하고 편안하게 보려 하지만 때로는 마음이 많이 쓰이기도 합니다. 매번 새 학기만 되면 배가 아플 정도로 고민하고 "한 학년 올라가도 꼭 그 친구랑 같은 반이 되게 해주세요. 안 그러면 저 진짜 큰일 나요."라며 울며 기도했던 소심했던 저의 모습이 아이에게서 보이기 때문입니다.

그래서 이 이야기를 들려주었습니다. 아이는 집중해서 들었어요. 그리고 이야기가 끝난 뒤에는 조금 안심한 표정으로 "굉장히 재미있네."라고 말했습니다.

아이들도 압니다. 엄마가 어떤 마음으로 이런 이야기를 하는지 말이에요. "너는 어떤 돌을 던지고 싶니?"라고 조용히 묻자 아이는 배시시 웃으며 "친구들이 안 논다고 했던 거. 그 돌을 던지고 싶어."라고 대답합니다. 어둠 속에서 우리는 양팔을 크게 벌려 원을 만들었습니다. 그리고 "하나, 둘, 셋!"하며 돌을 던지는 시늉을 했어요. 그리고 아이는 편안한 숨을 내쉬며 깊이 잠이 들었습니다.

내일이면 아이들은 또 신나게 놀 겁니다. 언제 그랬냐는 듯 친구들을 만나면 얼굴을 부비고 서로의 이름을 부르겠죠. 그렇지만 오늘 아이의 작은 울적함에도 엄마인 저는 마음이 쓰입니다. 그래서 같이 돌을 던져주었습니다. 어떤 마음을 품고 어떤 생각을 할지는, 아이가 결정할 수 있다고 넌지시 이야기해주었습니다. 저와 무척 비슷한 성격의 아이지만, 아이는 저와 다른 자신의 인생을 살아갈 겁니다. 매일 어떤 마음을 품고 어떤 생각을 할지 결정하며 아이가 하루하루 자라주기를 저는 간절히 바랍니다.

영화 〈쇼생크 탈출〉에서 주인공인 앤디 듀프레인은 몰래 탈옥을 시도합니다. 무죄였던 그는 자신이 이곳에 있을 사람이 아니라는 분명한 자기 확신이 있었지요. 그래서 매일 밤, 작고 닳아빠진 망치 한 자루를 가지고 악명 높은 쇼생크 감방의 벽을 허물기 시작합니다. 그리고 낮

동안 산책을 하면서 구멍 난 바지 주머니 사이로 깨진 벽의 파편들을 흘려버리지요. 이 장면을 보며 생각했습니다. 앤디 듀프레인이 흘려보낸 것은 단지 벽의 파편뿐만이 아니라, '너는 절대 이 감방을 벗어날 수 없어. 아무리 노력해봤자 모두 수포로 돌아갈 거야'라는 부정적인 생각이기도 했다는 것을요. 내가 생각하고 느끼는 것이 나를 결정한다고 하지요. 오늘 아이와 함께 멀리 돌을 던지고, 걱정하거나 슬퍼하거나 속상해하는 대신 편안하게 잠들기를 선택합니다. 내일은 좀 더 재미있고 행복한 하루가 될 거라고 믿으면서요.

더 이야기해주세요

◆ 이야기가 끝난 다음 아이에게 물어보세요. "오늘 던지고 싶은 돌이 있니?"라고요. 또한 엄마가 던져버리고 싶은 돌이 무엇인지도 이야기해주세요.

예시: "은이는 친구들이 한 말을 돌로 던지고 싶구나. 오늘 엄마도 어떤 사람의 말에 마음이 상했어. 그 사람은 아무 생각 없이 한 말인데 엄마는 속상했단다. 엄마는 그 사람의 얼굴을 떠올릴게. 자, 손을 크게 모아서 돌을 만듭니다. 짜자자자자잔! 그리고 던질 준비! 하나, 둘, 셋!"

3

〈하루 10분 꿀잠 동화〉와
함께 읽으면 좋은 책

∞ **유쾌한 괴물나라 소동**

괴물들이 사는 나라 | 모리스 샌닥 글·그림 | 시공주니어

어렸을 때 엄마에게 혼이 나면 어디론가 멀리 사라져버리는 상상을 하곤 했죠. 이 책의 맥스도 상상 속 괴물나라의 왕이 되어 신나게 괴물소동을 벌인답니다. 하지만 맥스는 엄마가 보고 싶어져 다시 자기 방으로 돌아와요. 그리고 아직 따뜻하게 차려져 있는 저녁밥이 맥스를 맞이하지요. 시간이 흘러 아이들이 자라면 저와 아이들은 지금보다 더 많이 싸우고 서로 화를 낼지도 모르겠어요. 하지만 이 책의 마지막처럼, 결국은 엄마가 보고 싶어 돌아오게 되고, 배를 곯을 아이가 걱정되어 식사를 차려주는 그런 따스함을 잊지 말자고 생각합니다.

∞ **아이의 상상력 키우기**

그림자 놀이 | 이수지 그림 | 비룡소

한 여자아이가 그림자로 상상의 세계를 펼쳐가는 글씨 없는 그림책이에요. 아이의 상상력은 진공청소기의 기다란 파이프 그림자를 코끼리의 코로, 먹다 만 사과 그림자를 예쁜 왕관으로 만들어냅니다. 창고와도 같던 방은 신비한 나무와 꽃, 동물들이 있는 열대의 정글이 되고 모두가 친구가 되어 즐겁고 신나게 어울립니다. "저녁 먹자!"라는 엄마의 말에 모든 게 제자리로 돌아오는 듯하지만, 아이들의 상상력은 끝이 없으니까요. 아이들 마음속의 그림자 나라는 오늘 밤도 신나게 너울너울 춤을 출 겁니다. 이 책을 읽고 불을 끄고 천장에 핸드폰의 플래시를 비춰 그림자 놀이를 해보아도 좋지요.

이야기 아홉

나에게 동생이 생겼어요
방귀대장 은이

방귀대장 은이

옛날 어느 마을에 은이라는 꼬마가 살았습니다.

은이는 세 살밖에 되지 않았지만, 무엇이든 겁나는 게 없는 용감한 아이였어요. 왜냐하면 은이는 세상 누구보다도 힘센 방귀를 뀌는 '방귀대장'이었으니까요.

어느 날 은이는 숲으로 소풍을 갔어요. 숲 속 옹달샘의 맑고 시원한 물을 물통에 담아와서 엄마에게 드리고 싶었거든요.

물통을 들고 랄랄라 노래를 부르며 숲 속을 걸어가는 은이의 눈에 신기한 광경이 펼쳐졌어요. 멀리서 브로콜리들이 하늘로 마구 치솟아 오르는 게 아니겠어요.

"아니, 웬 브로콜리지?" 하며 가까이 다가가니, 그건 브로콜리가 아니라 나무였어요. 엄청나게 큰 거인이 나무들을 마구 뽑아서 여기저기 던지는 것이었어요.

"아저씨, 안녕하세요. 저는 은이라고 해요. 나무를 그렇게 마구 뽑으면 나무들이 아프잖아요."

은이의 말에 거인은 사나운 표정으로 은이를 돌아봤어요.

세상에! 눈이 하나밖에 없는 외눈박이에, 입은 선풍기처럼 커다랗고 이빨은 얼마나 날카롭고 무섭던지!

거인은 나무둥치만 한 팔을 마구 흔들면서 천둥 같은 소리로 화를 냈어요.

"네 이 녀석, 안 그래도 기분이 안 좋은데 웬 참견이냐! 어디 한번 혼나볼래!"

거인이 은이를 금방이라도 때릴 듯이 커다란 손바닥을 치켜들자, 은이는 너무 무서웠지만 엉덩이에 힘을 팍 줬어요.

그리고 힘껏 방귀를 발사했어요. 뿡뿌뿌뿌뿌뿌우우우웅!

그러자 거인이 코를 틀어막으면서 외쳤어요.

"아이고, 못 참겠다. 무슨 꼬마 방귀가 이렇게 독해!"

거인은 방귀 냄새를 참다못해 쿵쿵쿵 뛰어서 도망가고 말았어요.

"어휴, 살았다."

은이가 중얼거리면서 숲 속을 다시 걸어가는데, 이번에는 어디선가 바사삭! 풀을 밟는 소리가 들렸어요.

뒤를 돌아보니 아무도 없는데, 길을 걸어가면 바사삭! 다시 소리가 났어요.

이상하다는 생각을 하는 은이 뒤에서 갑자기 "어흥!" 하는 소리가 들렸어요.

세상에! 이번에는 호랑이가 나타났어요!

호랑이가 날카로운 발톱으로 은이를 덮치려는 순간, 은이는 다시 엉덩이에 힘을 꽉 주고 호랑이의 얼굴을 향해 다시 한 번 방귀를 발사했어요.

뿌우우우우우우우웅!!

"꽥!" 하고 호랑이는 기절해버렸답니다. 역시 은이의 방귀는 세상에서 가장 힘이 센 방귀였네요.

"이럴 때가 아니야. 해가 지기 전에 얼른 옹달샘 물을 떠서 집으로 돌아가야겠다!"

은이는 드디어 옹달샘에 도착해서 물통에 시원한 물을 가득 채웠어요.

그런데 풀숲 사이에서 기다란 밧줄이 스르르 움직였어요.

"어? 이상하다. 밧줄이 왜 움직이지?"

은이는 밧줄이 있는 곳으로 다가가서 살며시 밧줄을 밟아보았어요.

그런데 으악! 그건 밧줄이 아니라 구렁이였어요.

구렁이는 조그마한 아기를 똘똘 말아서 어디론가 데려가려고 하던 참

이었어요.

구렁이가 은이에게 "쉭쉭!" 소리를 내면서 다가왔어요. 그때 은이는 마지막으로 남은 힘을 다 짜내 다시 한 번 방귀를 뀌었어요.

이 못된 구렁이, 내 방귀 맛 좀 봐라! 뿌우우우우우우우웅!

은이의 방귀 공격을 받은 구렁이는 똬리를 풀고 어디론가 도망가고 말았어요.

숲에는 은이와 조그마한 아기만 남았습니다.

아기는 "응애응애~" 울기만 했어요. 말도 못하고, 걸어 다니지도 못할 만큼 작았어요.

은이는 물통을 가지고 얼른 집으로 가려고 했어요. 그런데 이 아기를 여기 그냥 두면 다시 구렁이나 호랑이, 거인이 잡아갈 게 분명했어요.

아기를 데려가면 좀 귀찮고 힘들 것 같았지만, 은이는 아기를 집으로 데려가기로 했어요. 은이는 끙끙대며 아기를 업고 집으로 돌아왔어요.

"엄마, 내가 이 아기를 숲에서 구해왔어요."
"어머나! 우리 은이는 정말 용감하구나. 그런데 이 귀여운 아기를 어떻게 하지?"
"엄마, 우리가 같이 키워요. 내가 이 아기의 언니가 되어줄 거예요."
"그래? 그럼 아기 이름은 뭐라고 지을까?"
"음~ 원이라고 지어요!"
그래서 원이라는 이름의 아기는 은이의 동생이 되었습니다. 원이는 언니를 귀찮게 했고 말도 잘 안 들었어요. 하지만 은이는 원이를 좋아하고, 원이도 은이를 무척 좋아했어요. 블록도 같이 쌓고, 비눗방울 놀이도 같이 하고, 과자도 나눠 먹었어요. 방귀대장 은이는 동생 원이, 엄마, 아빠와 함께 오래오래 행복하게 살았답니다.

엄마의 생각 주머니

정확히 24개월 터울, 생일이 단 하루 차이가 나는 두 아이를 키우면서 저는 많이 울었습니다. 두 돌 생일 바로 다음 날 큰아이는 동생을 맞이했고, 동생앓이를 하며 얼마나 떼쟁이가 되었는지 모릅니다. 아이 하나도 절절 매는 저에게 두 아기와 함께하는 밤은 참 힘겨웠어요. 그때를 생각하면 아직도 마음이 저려옵니다. 남편이 야근으로 늦는 날이면 저는 온 집 안의 불을 끄고 두 아이를 침대에 눕히고 그 사이에 누웠습니다. 작은아이에게는 몸을 돌려 젖을 물리고, 왜 자기를 안 보냐며 칭얼대는 큰아이에게는 엄마 등에 꼭 붙으라고 말하고 손을 뒤로 해 몸을 토닥이며 이 이야기를 들려주었습니다.

아이들은 방귀, 똥, 쉬라면 사족을 못 쓰고 웃어대곤 합니다. 찡찡대면서 자기 쪽으로 누우라고 하던 큰아이도 이 이야기를 들려주면 한참을 빠져서 열심히 들었던 기억이 납니다. 방귀 소리는 아주 실감나게 크게 내쉬야 해요. 젖을 물고 잠에 떨어지려던 작은아이가 흠칫 놀라 깼던 기억도 나네요. 동화 속 은이는 비록 나이는 어리지만 방귀로 무서운 거인과 호랑이, 구렁이를 물리치고 숲 속에 있던 아기를 구해 옵니다. 그리고 그 아기에게 원이라는 이름을 지어 동생으로 삼지요.

언니가 된다는 것은 아이가 선택할 수 없었던 일이지만, 이야기 속에서라도 은이가 동생을 선택하게 해주고 싶었어요. 이야기를 들려주며 "은이는 아기를 데리고 갔을까, 아니면 그냥 놔두고 갔을까?"라고 물으면, 어둠 속에서 눈을 빛내며 늘 아기를 데리고 가겠다고 말했습니다. 현실에서는 동생 때문에 울고불며 난리를 쳐도 이야기 속에서 은이는 언제나 아기를 데리고 와서 이름을 원이로 짓겠다고 말해주었습니다. 두 아이 육아가 너무 힘들어서 이게 정말 잘한 일일까 생각하기도 했던 저는 그런 아이의 대답에 참 많이도 위로를 받았습니다.

그렇게 두 아기를 키우며 고군분투하던 시간이 지나고, 아이들은 이제 다섯 살과 세 살이 되었습니다. 말싸움을 하고, 치고받고 싸움의 스펙트럼은 더 넓어졌지만, 그래도 아이들이 나란히 앉아서 무언가를 하고 마주 웃는 모습을 보면 그 순간의 따스함에 마음이 녹습니다. 방귀대장 은이야, 동생을 잘 받아들여줘서 고마워.

더 이야기해주세요

- 동생을 본 아이에게 이 이야기를 들려줄 때는 아이와 동생의 이름을 넣어서 이야기해주면 좋아요. 오늘 동생과 함께 했던 일을 이야기의 마지막 부분에 넣어서 들려주면 아이는 이 이야기를 정말로 '자기의 이야기'로 느끼면서 좋아합니다.
- 거인과 호랑이, 구렁이가 나타날 때 아이를 깜짝 놀라게 하면 재미있어요. 은이는 "어흥!" 하고 호랑이가 나타나기 전의 "바사삭!" 소리와 긴장감을 무척 재미있어 했어요.

〈하루 10분 꿀잠 동화〉와 **함께 읽으면 좋은 책**

∞ 흥미진진! 스릴 만점!

곰 사냥을 떠나자 | 헬린 옥슨버리 그림 | 마이크 로젠 글 | 시공주니어

서울 시청 앞에서 중고 책들을 판매하기에 제목이 마음에 들어서 골 랐는데 알고 보니 유명한 책이었어요. 아빠와 엄마 그리고 세 아이가 함께 곰을 잡으러 떠납니다. 풀밭, 강물, 진흙탕, 컴컴한 숲, 눈보라를 만나지만 실망하지 않고 어떻게든 방법을 찾아내 곰 사냥을 가죠. 동굴 안에서 곰을 마주치자 얼른 뛰어서 다시 집으로 도망 오는 과정이 너무나 흥미진진해서 뒤로 갈수록 목소리를 빠르게 해서 읽어주었더니 스릴 만점! 마지막에 가족들이 침대로 들어가서 이불 속에 숨는데, 그래서 자기 전에 이 책을 읽어주면 아이들이 특히 재미있어 했어요.

∞ 마음 한 켠이 따뜻해지는 책

장수탕 선녀님 | 백희나 지음 | 책읽는곰

너무 유명한 책이죠? 처음 이 책을 만났을 때 아이가 너무 재미있어 하며 또 읽어달라고 해서 앉은자리에서 다섯 번은 넘게 읽었던 기억이 나네요. 저도 어린 시절 목욕탕에 가면 냉탕에 들어가는 걸 너무 좋아했던 기억이 나는데, 저는 왜 선녀님을 못 만났는지…. 덕지는 자기와 냉탕에서 즐겁게 놀아주신 선녀 할머니에게 요구르트를 양보해드리고, 집에 돌아와 감기에 걸려요. 그런데 선녀 할머니가 덕지의 감기를 낫게 해주시죠. 쭈쭈는 축 늘어지고 쪼글쪼글한데 눈에는 파랗게 섀도를 칠한 왕년의 멋쟁이 선녀 할머니 그림이 너무 재미있어서 저도 읽어주면서 늘 즐거운 책이에요.

115

이야기 열

아빠의 마음은 언제나 우리와 함께 있어요
마녀의 성으로 간 아빠

마녀의 성으로 간 아빠

아빠는 오늘도 늦게 오신다고 했어요.

아빠를 기다리던 은이와 원이도 이제 잘 시간이 되었어요.

은이와 원이는 거실 바닥에 나무 블록으로 예쁜 성을 쌓았습니다.

엄마가 이제 잘 시간이니 '모두 제자리'를 하라고 하셨지만 은이는 엄마에게 부탁했어요.

"엄마! 아빠한테도 이걸 보여주고 싶은데, 부수지 말고 내일 아침까지 두면 좋겠어요."

엄마는 알았다며 고개를 끄덕였어요. 은이와 원이는 거실에 블록으로 만든 성을 놓아둔 채 잠이 들었습니다.

그런데 은이와 원이가 지은 예쁜 블록 성을 탐낸 까만 마음 마녀가 은이네 집으로 몰래 들어왔어요. 그리고 은이와 원이의 블록 성을 까만 보따리에 몰래 넣어 가려고 했어요.

은이와 원이는 블록이 부서지는 소리에 벌떡 일어나 거실로 뛰어 나갔어요. 아빠에게 보여줄 블록을 까만 마음 마녀가 가져가게 둘 수는 없으니까요!

은이와 원이가 까만 마음 마녀의 보따리를 잡고 놓지 않자, 마녀는 휘리릭 요술 지팡이를 휘둘러 은이와 원이도 보따리에 함께 넣고 날아가기 시작했어요.

은이와 원이가 보따리 밖으로 나와 보니, 그곳은 온통 까만 물건들만 가득한 까만 성 안이었어요. 마녀는 은이와 원이를 문이 세 개 있는 방 안에 가뒀어요. 마녀는 은이와 원이에게 말했어요.

"아무도 너희를 구해줄 수 없어. 세 개의 문마다 그 문을 지키는 수수께끼 괴물들이 있기 때문이지. 낄낄낄~"

마녀의 말에 은이와 원이는 서로 끌어안고 엉엉 울었어요.

어떡하지? 누가 우리를 구해주지? 우리를 이곳에서 빼내줄 용감한 기사가 필요해!

그 용감한 기사는 누구일까요? 엄마일까요? 아니에요. 그럼 아빠일까요? 네, 맞아요.

그날도 밤늦게 일하고 수고하느라 늦게 들어온 아빠는 엄마에게 까만 마음 마녀의 이야기를 듣자마자 은이와 원이를 구하러 출동했어요.

앗, 그런데 어디로 가야 하는 거죠? 까만 마음 마녀가 어디로 갔는지 모르잖아요.

아빠는 일단 초콜릿색 차를 타고 시동을 걸었어요. 그리고 별님에게 기도했어요.

"별님! 우리 은이와 원이를 찾아야 해요. 아이들이 있는 곳으로 저를 데려다주세요!"

그러자 차가 두둥실 하늘로 뜨기 시작했어요.

아빠가 운전을 하지 않았는데도 까만 마음 마녀의 성 앞으로 데려다주었어요.

아빠는 까만 마음 마녀의 성에 들어가 은이와 원이가 갇혀 있는 방의 첫 번째 문에 도착했어요.

세상에! 엄청나게 많은 다리를 가진 커다란 거미가 문 앞을 지키고 있네요.

거미는 무시무시한 목소리로 말했어요.

"내가 수수께끼를 하나 내지. 답을 맞히면 이 문을 열어주마. 오늘 저녁에 은이와 원이가 무엇을 먹었지?"

아빠는 은이, 원이와 밥을 같이 먹지는 못했지만, 무엇을 먹었는지 엄마한테 물어봤기 때문에 답을 알고 있었어요.

아빠는 은이, 원이가 매일 밥은 잘 먹었는지, 떼를 쓰고 싸우지는 않았는지, 아빠를 보고 싶어 하지는 않았는지 궁금해서 엄마에게 물어보고 사진을 보내달라고 하거든요.

아빠는 당당하게 큰 소리로 대답했어요.

"감자와 양파, 버섯을 넣은 카레다! 우리 아이들은 김치도 잘 먹는다!"

정답이에요! 거미는 깜짝 놀라서 엄청나게 많은 다리를 덜덜덜덜 떨었어요. 아빠가 그 문제를 맞힐 줄은 몰랐거든요.

"으아악! 이 문제를 맞히다니! 할 수 없군. 문을 열어주지!"

첫 번째 문이 열리자, 두 번째 문이 나타났어요.

이번 문은 이빨이 날카롭고 갈기가 엄청나게 많은 사자가 지키고 있었어요.

사자는 무시무시한 눈빛을 번쩍이며 아빠에게 물었어요.

"내가 낸 수수께끼의 답을 말하면 이 문을 열어주마. 은이의 얼굴 어디에 점이 있고, 원이의 발가락 어디에 점이 있지?"

이 질문도 아빠에게는 어렵지 않았어요. 아빠는 은이와 원이가 아주 어렸을 때부터 목욕을 시켜주고, 로션을 발라주었거든요. 그래서 아빠는 이번에도 큰 소리로 대답했지요.

"우리 은이는 입술 위에 예쁜 점이 있고, 우리 원이는 왼쪽 두 번째 발가락 위에 점이 있다!"

사자도 깜짝 놀라서 갈기를 후드득 흔들었어요.

"으아악! 정말 어려운 문제인데 맞히다니! 할 수 없다. 문을 열어주지!"

아빠는 거침없이 두 번째 문도 통과해 세 번째 문 앞에 섰어요.
세 번째 문 앞에는 까만 마음 마녀가 지키고 있었어요.
아빠는 마녀가 어떤 문제를 낼지 궁금했어요.
그런데 까만 마음 마녀는 아빠에게 이렇게 말했어요.
"여기 있는 아이들은 오늘도 많이 싸웠다. 은이는 원이를 밀고, 원이는 은이를 꼬집었지. 둘이서 장난감 하나를 서로 가지겠다고 울었다. 엄마 말을 잘 듣지 않아서 엄마는 몇 번이나 아이들을 혼내야 했다. 옷에는 아이스크림을 흘렸고, 원이는 장난을 치다가 바닥에 우유를 쏟았다. 지난주에는 어땠지? 아빠는 빨리 회사에 가버리라고 소리를 질렀고, 아빠가 열심히 놀아줘도 고마운 줄도 몰랐어. 그런데도 이 아이들을 데려가겠다고? 이 아이들을 데리고 가면 또 말을 안 듣고 서로 싸우고 못되게 굴 텐데 말이냐?"

아빠는 까만 마음 마녀의 눈을 가만히 바라보았어요.
그리고 조용히, 천천히 대답했어요.
"우리 아이들이 못된 행동과 말을 할 때도 있어. 그럴 때는 나도 속상

해. 하지만 나는 은이와 원이의 아빠이고, 아이들이 어떤 행동을 하고 어떤 모습을 해도 아이들을 사랑해."

아빠의 대답에 까만 마음 마녀는 비명을 지르며 연기처럼 흔적도 없이 사라져버렸어요.

그리고 은이, 원이가 갇혀 있던 방의 문이 저절로 스르륵 열렸어요.

아빠는 방 안으로 뛰어 들어와 은이와 원이를 꼭 안아주었어요.

아빠와 두 아이들은 마녀가 두고 간 보따리를 챙겨서 집으로 돌아왔고, 함께 블록으로 더 예쁜 성을 쌓았습니다.

아빠는 은이와 원이, 엄마와 함께 나란히 누워 잠이 들었어요.

은이와 원이는 그때 알았습니다.

아빠가 항상 함께 있지 않아도 마음만은 언제나 함께 있다는 것을요. 아빠가 자신들을 정말 많이 사랑한다는 것을 말이에요.

엄마의 생각 주머니

  이 이야기를 아이에게 들려준 날, 아이는 블록으로 성을 쌓았고 자기 전에 기도를 했습니다.
  "아빠가 내가 만들어놓은 블록 성을 꼭 볼 수 있게 해주세요."

  이 시대의 많은 가장이 그러하듯 밥벌이의 고단함을 짊어진 남편 또한 야근이 잦습니다. 아이들은 매일 "오늘 저녁에는 아빠가 일찍 오셔?"라고 물어봅니다. 늦을 거라고 하면 서운한 표정을 짓습니다. 오죽하면 금요일 밤마다 잠자리에서 "내일은 아빠가 회사에 안 가는 날이니까 아빠랑 놀러 가자."고 말할까요.

  회사일로 바쁜 남편은 카톡으로 아이들의 사진을 보내달라고 합니다. 아이들의 저녁 메뉴가 무엇인지, 놀이터에서는 어떻게 노는지 궁금해합니다. 저는 종종 사진을 찍어 전송합니다. 함께하지 못하지만, 함께

하고 싶은 아빠의 마음을 알기 때문입니다.

 디즈니 공주 시리즈에 열광하는 큰아이는 어린이집의 같은 반 남자 친구 중에 마음에 드는 아이가 있는지, 자신은 '공주'이고 그 아이는 '기사'라고 합니다. 그 말에 얼마나 웃었는지 몰라요. 아이는 아직 모르겠지요. 아빠라는 용감한 기사의 보이지 않는 헌신과 수고로 우리가 '집'이라는 작고 소박한 성에서 안온한 하루를 보냈다는 것을요. 아이들의 성장의 순간을 모두 함께하지는 못하지만, 아이들을 늘 생각하고 그리워하는 용감한 기사는 밤늦은 시간 집으로 돌아와 아이가 쌓아놓은 블록을 핸드폰 카메라에 담고 오래도록 잠든 아이들 곁에서 머무릅니다. 그래서 저는 오늘밤도 이 이야기를 들려줍니다.

더 이야기해주세요

- 까만 마음 마녀가 나오는 이야기라 아이가 이야기를 듣다가 좀 무서워할 수도 있어요. 그래서 다리가 많은 거미가 다리를 덜덜 떨고, 사자의 풍성한 갈기가 후드득 흔들리는 걸 과장해서 보여주면 아이들이 무서움을 잊고 웃었어요. 다리 대신 엄마의 팔을 덜덜 떨고, 갈기 대신 엄마의 머리를 힘껏 흔들어보세요.

- 아빠가 운전하는 차가 초콜릿색이라서 이야기에서도 초콜릿색 차라고 했어요. 아이에게 아빠의 차 색깔로 바꿔서 이야기해주세요.

- 거미와 사자, 마녀가 던진 첫 번째, 두 번째, 세 번째 질문은 아이에게 적당한 것으로 바꿔서 해주세요. 아이가 그날 먹은 저녁 반찬이나 아이도 알고 있는 신체적 특징, 그날 아이가 말썽을 부렸던 행동 등으로 바꾸면 좋아요.

이야기 열하나

작은 것에 감사하며 살아요
토끼가 준 보라색 알밤

토끼가 준 보라색 알밤

　어느 마을에 은이라는 아이가 살고 있었어요. 은이는 동물을 아주 사랑하는 어린이였어요. 길을 가다가도 강아지나 고양이를 보면 그냥 지나치지 못했답니다.

　어느 날 은이는 예쁜 꽃을 따러 숲으로 갔어요. 초롱꽃, 제비꽃, 패랭이꽃…. 열심히 꽃을 찾는 은이 앞에 아주 작고 귀여운 아기 토끼가 나타났어요.

　아기 토끼는 숨을 할딱이며 은이에게 말했어요.

　"꼬마야, 나 좀 살려줘! 무서운 사냥꾼이 나를 쫓아오고 있어!"

　은이는 깜짝 놀라서 주위를 둘러보다 나뭇잎이 빽빽하게 우거진 덤불 속에 토끼를 숨겨주었어요.

어디선가 "컹컹!" 하고 개 짖는 소리가 들리더니, 눈썹이 시커멓고 사납게 생긴 사냥꾼 아저씨가 나타났어요. 사냥꾼 아저씨가 은이에게 물었어요.

"꼬마야, 너 작은 토끼 한 마리 못 봤니? 토끼를 빨리 잡아서 팔아야 돈이 생기는데!"

은이는 심장이 쿵 하고 내려앉는 것 같았어요. 하지만 불쌍한 토끼가 사냥꾼한테 잡혀가게 할 수는 없어서 "아니요. 전 못 봤어요."라고 대답했어요.

아저씨는 투덜거리며 토끼를 찾아 다른 곳으로 가버렸어요.

"아아, 다행이다! 토끼야, 어서 나와!"
하얗게 질려 있던 토끼는 조심스럽게 풀숲에서 나왔어요.
"정말 고마워! 사냥꾼에게 잡혔다면 나는 지금쯤 죽고 말았을 거야."
토끼는 몇 번이고 은이에게 고맙다는 인사를 했어요. 그러고는 주머니를 뒤적였어요.
"너는 내 생명의 은인이야. 그 보답으로 선물을 하나 줄게."
세상에! 토끼가 은이에게 내민 것은 황금 알밤이었어요. 반짝반짝 빛나는 매끈한 황금 알밤을 받아들자 은이는 신이 났어요.

은이는 집으로 돌아와 엄마에게 황금 알밤을 자랑했어요.

"엄마! 내가 사냥꾼 아저씨한테 쫓기는 토끼를 구해줬는데요, 토끼가 이걸 선물로 주었어요!"

엄마는 황금 알밤을 보더니 빙그레 웃으며 말씀하셨어요.

"정말 좋았겠구나. 그런데 이 황금 알밤은 토끼에게도 소중한 보물이었겠지?"

엄마의 말을 듣고 은이는 곰곰이 생각해보았어요. 이렇게 예쁜 황금 알밤이라면, 토끼가 오랫동안 소중히 간직했을 텐데요! 그걸 가지고 왔으니 정말 미안했어요.

은이는 토끼에게 황금 알밤을 돌려주기 위해 숲으로 다시 돌아갔습니다.

토끼를 찾아 숲 속을 걸어가던 은이는 깜짝 놀랐어요. 지난번 그 사냥꾼 아저씨가 우락부락한 손으로 토끼의 귀를 잡아들고 히죽거리며 걸어오는 게 아니겠어요.

은이는 토끼의 슬픈 눈을 보자 그냥 지나칠 수가 없었어요.

그래서 사냥꾼 아저씨의 옷자락을 붙잡고 주머니에서 황금 알밤을 꺼내 보여주며 말했습니다.

"아저씨! 토끼를 놓아주시면 이 황금 알밤을 드릴게요. 제발 토끼를 살려주세요."

아저씨는 토끼와 황금 알밤을 번갈아 바라보더니 큰 소리로 웃으며 말했어요.

"하하하! 토끼를 시장에 파는 것보다 황금 알밤을 가지는 게 훨씬 낫겠어! 좋다, 꼬마야. 이 토끼를 넘겨주마. 대신 황금 알밤은 이제 내 거다!"

사냥꾼 아저씨가 황금 알밤을 가져갔지만 은이는 토끼가 아저씨 손에서 풀려났으니 다행이라고 생각했어요.
"괜찮아? 많이 놀랐지? 이젠 안심해."
토끼는 엉엉 울면서 은이에게 고마워했어요.
그리고 자기가 살고 있는 작은 굴로 가서 아주 깊은 곳에 숨겨두었던 보물을 하나 꺼내왔습니다.
토끼가 준 것은 아주 조그만 보라색 알밤이었어요. 은이는 이걸 받아도 되는지 잠시 망설였지만, 토끼의 마음이 느껴져서 작은 보라색 알밤을 기쁘게 받았습니다.

집으로 와서 보라색 알밤을 엄마, 아빠에게 보여드렸더니 참 예쁘다고 좋아하셨어요. 그런데 참 신기하죠? 이 보라색 알밤은 황금 알밤처럼 반짝거리지도 않고, 이걸 팔아도 은이가 좋아하는 초콜릿이나 인형, 장난감을 살 수 없었어요. 그런데도 이 보라색 알밤을 쳐다보기만 하면 신기하게도 감사하는 마음과 기쁨이 퐁퐁 샘물처럼 솟아났어요.
은이네 가족은 돈이 있는 날도, 돈이 없는 날도 감사하고 만족하며 살 수 있었어요.

어떤 날은 힘든 일도 있고, 또 어떤 날은 기쁜 일도 있었지만 매일매일 웃으면서 즐겁게 살았어요.

은이네 네 식구는 그 이후로도 오래오래 행복하게 잘 살았답니다.

그런데 황금 알밤을 가져간 사냥꾼 아저씨는 어떻게 되었을까요?

황금 알밤을 팔아서 부자가 될 줄 알았지만, 흥청망청 돈을 다 써버리고 빈털터리가 되었어요. 오늘도 욕심을 부리고 불평만 해대고 있대요. 아이고, 불쌍해라.

엄마의 생각 주머니

    잠자리에서 아이들에게 이야기를 들려주면서 항상 느끼지만, 아이들에게 해주는 이야기는 결국 나 자신, 내 속의 작은 아이를 향하고 있습니다. 이 이야기를 아이들에게 들려주었던 때는 제 자신을 괜히 다른 사람들과 비교하며 마음이 바닥으로 꺼져가던 시기였어요.

    그래서 이 이야기를 박수치며 재미나게 듣고 잠든 아이들의 얼굴을 들여다보며 생각했습니다. 보라색 알밤이 필요한 사람은 너희가 아닌 엄마라고요. 작은 것에 감사하는 마음을 잊는다면, 모든 것이 풍족할지라도 "더, 더, 더!"를 외치게 될 거라는 것을요.

    시간이 흘러서 아이에게 어떤 엄마로 기억되고 싶으냐고 누군가가 묻는다면 뭐라 대답할까 곰곰이 생각해본 적이 있습니다. 세 가지 정도로 답하고 싶었어요. 기도하는 엄마, 부족해도 진실했던 엄마 그리고 감사할 줄 아는 엄마입니다. 아이들이 과연 그렇게 기억할지는 담담히 시간을 통과해보아야 알 수 있겠지요. 지금 누리고 있는 것들의 소중함을 잊지 않기 위해, 감사하는 마음을 회복하기 위해 저도 저만의 보라색 알밤을 찾을 수 있었으면 좋겠습니다.

더 이야기해주세요

- 무엇이든 살 수 있는 황금색 알밤을 갖게 된다면 뭘 사고 싶은지 아이에게 물어보세요. 그리고 그 알밤을 토끼에게 다시 돌려줄 수 있을지도 물어보고 아이의 솔직한 마음을 들어주세요.

- 보라색 알밤을 갖게 되어 은이네 가족이 모든 것에 감사하게 되었듯이, 엄마는 지금 누리고 있는 무엇에 가장 감사한지 먼저 이야기해주세요. 그리고 아이에게도 물어보세요.

예시: "어른들도 어떨 때는 마음이 힘들고 속상해서 불평하고 감사하지 못할 때가 있어. 엄마도 요새 다른 사람들이 부러운 게 많았단다. 그렇지만 엄마도 보라색 알밤을 갖게 된 은이처럼 감사할 거리를 찾아봐야겠어. 은이랑 원이가 건강하게 잘 자라줘서 고맙고, 아빠가 우리를 위해 열심히 회사에서 일하고 주말에는 우리랑 같이 즐거운 시간을 보내는 것도 감사해. 맛있는 저녁을 먹을 수 있어서 감사하고, 원이의 감기가 다 나아서 감사. 그리고 엄마의 이야기를 너희가 재미있게 들어줘서 고마워."

이야기 열둘

어떤 일을 먼저 해야 할까요?
은이의 마법 목걸이

은 이 의
마   법
목 걸 이

　어느 마을에 은이라는 아이가 살고 있었습니다.
　은이는 예쁘고 밥도 잘 먹고 유치원도 잘 다니는 멋진 아이인데, 딱 한 가지 나쁜 버릇이 있어요.
　엄마 말을 잘 듣지 않고 떼를 쓰고 소리를 지르면서 울어대는 것이에요.
　매일매일 울다 보니 은이의 예쁜 얼굴이 점점 변하기 시작했어요.
　미운 마음으로 떼를 쓰니 얼굴이 심술궂게 변하고, 삐죽삐죽 못된 말을 해서 엉덩이에는 뿔이 난 거예요.

　심술쟁이 얼굴에, 엉덩이에는 삐죽한 뿔이 난 은이에게 어느 날 도깨비 나라의 도깨비 아저씨가 찾아왔어요.
　머리에 뿔이 난 도깨비 아저씨는 은이 엉덩이의 뿔을 보고 신이 나서 말했어요.

"넌 이 아파트에 사는 것보다 우리 도깨비 나라에서 사는 게 딱 어울리겠구나! 어서 나와 같이 가자!"

그래서 은이는 도깨비 아저씨의 손에 이끌려 도깨비 나라로 가게 되었답니다.

처음에는 도깨비 아저씨와 사는 것이 재미있었어요. 아저씨는 엄마 말 같은 건 듣지 않아도 되고, 내 마음대로 살면 된다고 말했거든요.

그래서 은이는 마음껏 소리를 지르고, 하루 종일 텔레비전을 보고, 물건은 모두 아무 데나 던져버리고, 밥 대신 이가 시릴 정도로 차가운 아이스크림과 달콤한 사탕, 초콜릿, 젤리를 마음껏 먹어댔지요.

하루 이틀이 지나며 은이의 얼굴은 더 미워지고, 마음은 점점 슬퍼졌답니다. 엄마가 하지 말라고 할 때는 그렇게 하고 싶었던 일도 이제는 재미가 없어졌어요. 그리고 엄마가 너무 보고 싶었어요.

"도깨비 아저씨, 나 이제 우리 집에 갈래요."

은이의 말에 도깨비 아저씨는 무서운 표정을 지으며 대답했어요.

"안 돼. 넌 이제부터 우리 집을 청소하고 빨래도 해야 한다. 집에는 못 가!"

도깨비 아저씨가 커다란 목소리로 으름장을 놓자 은이는 너무 무서워서 몸이 벌벌 떨렸어요. 은이는 집에서도 하지 않았던 청소와 빨래를 하게 되었습니다.

작은 팔로 매일 빨래를 해서 널고, 걸레로 마룻바닥을 닦는 일은 너무 힘들었어요. 은이는 엄마가 보고 싶어 매일 울었어요.

그러던 어느 날, 은이는 도깨비 아저씨의 방을 청소하다 구석의 작은 상자에서 환한 빛이 새어나오는 걸 발견했어요.

도깨비 아저씨는 낮 동안에는 은이처럼 말 안 듣는 꼬마들을 찾으러 다니기 때문에 집에 없었어요. 그래서 은이는 몰래 그 상자를 열어보았어요. 우와! 그 안에는 프린세스 소피아의 목걸이처럼 보라색으로 예쁘게 빛나는 목걸이가 들어 있었어요.

은이는 목걸이를 목에 걸어보았어요. 그리고 자기도 모르게 중얼거렸지요.

"아, 너무 힘들다, 누가 대신 청소 좀 해주면 좋겠다."
그러자 신기한 일이 일어났어요. 갑자기 목걸이에서 보라색 빛이 나더니 빗자루와 걸레가 혼자서 빠르게 움직이면서 청소를 하기 시작했어요. 빨랫줄에 널려 있던 빨래들은 휘리릭 날아와 혼자서 차곡차곡 개어졌고요, 싱크대에 가득한 그릇들은 혼자서 보글보글 거품을 내더니 슈욱슈욱 물로 깨끗하게 헹궈져 찬장에 차곡차곡 쌓였답니다.

맞아요! 그 목걸이는 소원을 들어주는 마법 목걸이였어요.
그런데 그 목걸이는 하루에 딱 한 가지 소원만 들어주었답니다.
은이는 날마다 도깨비 아저씨가 밖으로 나가면 목걸이에 소원을 빌었어요.

은이의 소원은 무엇이었을까요? 그건 당연히 엄마에게 돌아가는 것이었지요.
그런데 은이가 목걸이를 집어 목에 걸 때마다 자꾸만 다른 소원이 생각나는 거예요.
"오늘은 그동안 못 먹었던 초콜릿 까까를 많이 달라고 해야지."
그러자 달콤하고 부드러운 초콜릿 까까가 은이 앞에 수북이 쌓였어요.
이날의 소원은 끝!

다음 날이 되었어요.
"오늘은 정말 엄마에게 가야지. 아! 그런데 지난번에 텔레비전 광고에서 본 엘사 가방을 갖고 싶다. 엄마한테는 내일 가도 되잖아."
그러자 파란색 보석이 반짝반짝 박힌 엘사 가방

이 은이의 어깨에 메어졌어요. 이야, 정말 멋진걸! 거울에 자신의 모습을 비춰보며 은이는 신나했지요.

    이날의 소원도 끝!

    또 다음 날이 되었어요. "오늘은 엄마에게… 아, 맞다. 다른 친구들 집에는 주방놀이 장난감이 있는데 난 그게 없잖아? 주방놀이 장난감이 갖고 싶다! 딱 하루만 놀고, 내일 엄마한테 가도 되잖아."

    그러자 정말로 예쁜 과일 모형들과 칼, 도마, 색색의 접시들이 가득한 주방놀이 장난감이 은이 앞에 척! 하고 놓였어요.

    은이는 그걸 가지고 도깨비 아저씨가 집에 돌아오기 전까지 신나게 놀았습니다.

    이날의 소원도 끝!

    또 다음 날이 되었어요. "오늘은 정말 엄마에게 돌아가야지. 어, 그런데 이렇게 예쁜 목걸이가 있으니까 보라색 공주 드레스도 있으면 좋겠어. 보라색 공주 드레스야 나와라! 이 옷 입고 엄마한테 가면 엄마가 깜짝 놀라겠지? 엄마한테는 내일 가자."

    그러자 프린세스 소피아의 것보다, 백설 공주나 벨 공주의 옷보다 더 예쁜 보라색 공주님 드레스가 은이의 몸에 딱 맞게 입혀졌지요.

    은이는 빙글빙글 돌면서 치마의 주름이 퍼지는 걸 보고 즐거워했어요.

이날의 소원도 이것으로 끝!

그렇게 은이는 엄마에게는 내일 가자고 미루며 당장 하고 싶고 당장 갖고 싶은 것을 소원으로 빌었습니다.

그런데 꼬리가 길면 밟힌다는 옛날 말이 있듯이, 도깨비 아저씨는 은이가 뭔가 수상하다는 걸 눈치 챘어요. 도깨비 아저씨는 마법 목걸이를 은이가 찾지 못하는 아주 비밀스러운 곳에 감춰 두었습니다.

목걸이가 없어진 후에야 은이는 깨달았어요. 지금 당장 하고 싶은 것보다 중요한 것을 먼저 선택해야 한다는 것을요.

은이가 가장 먼저 빌어야 했던 소원은 초콜릿 까까도, 장난감도, 가방도, 공주 옷도 아닌 엄마에게 돌아가는 것이었답니다.

은이는 너무 늦게야 그 사실을 알고 엉엉 울었답니다.

엄마의 생각 주머니

지금 당장 하고 싶고 급한 것보다 정말 중요한 것을 선택하는 지혜가 얼마나 값진 것인지, 어른이 되면서 점점 더 깨닫게 됩니다. 즉각적으로 하고 싶고 생각나고 갖고 싶은 것에 반응하다가 정말 중요한 것을 놓치고 있음을 느끼거든요.

이 이야기를 들려주며 아이에게 물었습니다. "은이야, 너는 목걸이에게 어떤 소원을 빌었을 것 같니?" 아이는 이야기를 다 듣고 나서 한참을 머뭇거리다가 "엄마에게 가게 해달라고 빌었을 것 같아."라고 대답합니다. 저는 아이의 머뭇거림을 이해합니다. 저라도 그럴 것 같거든요. 음, 저라면 아마 몸무게 15킬로그램 감량의 소원을 빌었을지도? 일단 살을 빼고 나서 돌아가는 쪽으로요. 어머, 이렇게 쓰고 나니 그다음 소원은 피부 재생이 되어야 할 것 같고 그다음은 옷과 가방을 요구할 것 같고…. 저라도 늦게 돌아가겠네요.

이 이야기를 들려주고 잠든 아이를 보니 아이가 마법 목걸이로 엄마에게 돌아오게 된다 해도, 엄마는 마법 목걸이처럼 은이의 모든 소원을 들어주지는 못하겠다는 생각이 듭니다. 그래도 엄마에게 돌아오겠다고 하는 아이가 새삼 고맙습니다.

부모는 자식이 원하는 걸 다 해줘야 된다고 생각했던 철없는 시절이 저에게도 있었습니다. 왜 마법 목걸이같이 내가 바라는 걸 뚝딱 내놓는 엄마 아빠가 아닌지 마음속으로 원망했던 시절도 있었습니다.
그런데 아이를 낳고 두 아이 육아에 허덕이다 보니 부모님이 지금까지 함께 해로하시는 것, 정말 힘들고 어려울 때 찾아가서 드러누울 수 있게끔 자리를 내어주시는 것 자체가 그 어떤 마법 목걸이보다 감사하고 좋은 일이라는 생각이 듭니다.
지금은 엄마가 세상의 전부인 이 아이들도 자라서 머리가 굵어지면 언젠가는 제가 저희 부모님에게 그랬던 것처럼 원망도 하고 불평도 하겠지요. 예상컨대 앞으로도 우리 부부는 마법 목걸이처럼 모든 소원을 들어주지는 못할 겁니다. 그렇지만 엄마와 아빠, 동생과 함께 사랑하며 사는 것만으로도 행복을 느낄 수 있는 아이가 되었으면 좋겠습니다.

지금 당장 급한 것보다 중요한 것을 선택하는 지혜, 비본질적인 것들을 열심히 궁구하느라 본질적인 것을 놓치지 않는 명민함이 저와 우리 아이들에게 함께하기를 바라며 이 이야기를 다시 생각해봅니다.

더 이야기해주세요

- 아이에게 마법 목걸이를 가지면 어떤 소원을 빌고 싶은지 물어보고 엄마의 소원은 무엇인지도 이야기해보세요. 그리고 이 이야기를 다시 들려줄 때는 엘사 가방, 주방 놀이 장난감, 공주 드레스 대신 아이가 말한 것들을 넣으면 더욱 재미있어 해요.

- 은이가 집에 돌아가는 소원을 미룰 때는 목소리 톤을 점점 높여 그 부분을 강조해 보세요. 이야기를 듣는 아이가 엄마의 목소리를 통해 '집에 가는 걸 은이가 계속 잊어버리고 있다'는 점을 느낄 수 있도록 말이에요.

- 사실 이 이야기는 저희 아이의 이름 대신 '서팔이'라는 웃긴 이름을 넣어 들려주었어요. 아이들은 해피엔딩이 아닌 이야기에 자기 이름이 나오는 것을 싫어하더라고요. 다른 이름을 넣더라도 도깨비가 나타나 "넌 ○○ 아파트에 사는 것보다 우리 도깨비 나라에 살면 딱 어울리겠구나!"라고 말할 때는 우리 집 주소로 이야기해주었어요. 아이들은 이런 이야기의 주인공이 자기가 아니라고 거리를 두고 싶어하지만, 그러면서도 구체적인 부분(주소, 평소 갖고 싶은 장난감 등)을 자신의 상황으로 들려주면 이야기의 교훈이 자신을 향하고 있다는 것을 느낀답니다.

이야기 열셋

두려운 것도 조금씩 이겨 나갈 수 있어요
그림자를 무서워한 원이

그림자를
무서워한
원 이

깊은 숲 속에 빨간 지붕의 작은 집이 있었습니다.

그 집에는 아빠와 엄마 그리고 두 아이까지 네 식구가 살고 있었어요.

아빠는 훌륭한 나무꾼이었어요. 아침마다 커다란 도끼를 들고, "오늘 나무 많이 해올게!"라면서 숲으로 갔지요.

엄마는 아이들에게 재미난 이야기를 들려주는 이야기꾼이었어요.

맛있는 쿠키와 빵은 잘 만들지 못해도, 아이들은 언제나 엄마의 이야기를 들으면 마음의 배가 불러서 잠을 잘 잤어요.

이 집의 두 아이는 빨간 장미처럼 예쁜 은이와 하얀 장미처럼 예쁜 원이였어요.

언니인 은이는 꽃과 나비를 따라다니며 즐겁게 뛰어다니거나 그림 그리는 것을 좋아했고, 동생인 원이는 레고나 구슬 꿰기를 좋아했지요.

늘 명랑한 원이였지만, 딱 한 가지 무서워하는 것이 있었어요. 바로 그림자예요. 원이는 잘 놀다가도 그림자가 나타나면 엉엉 울곤 했어요.

은이는 그런 동생을 보면 마음이 아팠어요.

동생을 위해 자기가 할 수 있는 일이 뭘까 생각하다가 원이가 무서워하는 그림자를 없애기로 결심했지요.

'원이의 그림자를 싹둑 잘라내면 될 거야. 그런데 어떻게 잘라내지?'

은이의 파란색 뽀로로 가위로는 그림자를 쉽게 자를 수 있을 것 같지 않았어요.

그때 아빠의 도끼가 떠올랐어요.

'아빠의 도끼로는 커다란 나무도 쉽게 벨 수 있으니까 그림자도 뚝딱 찍어낼 수 있을 거야.'

그런데 아빠의 도끼는 은이가 들기에 너무 무거웠어요.

그래서 은이는 밥을 열심히 먹었어요. 평소 좋아하지 않는 나물과 야채도 꼭꼭 씹어서 남기지 않고 먹었습니다.

밥을 잘 먹고 힘이 세져야 아빠의 도끼를 잘 들 수 있으니까요.

조금씩 힘이 세지고 건강해진 은이는 아빠의 도끼를 들 수 있게 되었어요.

하지만 도끼로 그림자를 내려찍는 건 힘만 세다고 되는 일이 아니었어요. 잘못해서 원이를 다치게 하면 안 되니까, 단번에 정확하게 그림자를 잘라낼 수 있도록 열심히 연습해야 했어요.

 은이는 색연필로 땅에 빨간색 줄을 그어놓고 딱 그 자리를 도끼로 찍는 연습을 했습니다.

 영~차 영~차!

 처음에는 아무리 노력해도 계속 빗나가기만 했어요.

 하루, 이틀, 사흘, 나흘… 매일 꾸준히 연습을 하자 드디어 빨간색 줄에 정확히 도끼를 내려칠 수 있게 되었어요. 만세!

 은이는 그림자가 무서워서 울고 있는 원이에게 다가가 도끼로 그림자를 내려찍었어요.

 그런데 이게 웬일이에요. 그림자는 원이에게서 떨어지지 않았어요.

 엄마는 빛이 있는 곳이라면 그림자가 늘 같이 있다고 말해주었어요.

 그림자를 보고 싶지 않으면 불빛이 없는 깜깜한 곳에서 살아야 한다고요. 하지만 그건 더 무섭잖아요!

 어떻게 해야 원이가 그림자를 무서워하지 않을까요? 은이는 엄마에게 물어보았어요.

 엄마는 곰곰이 생각한 다음 말했어요.

 "그림자를 없애는 것보다 무섭고 두려운 마음이 사라지도록 도와주는 건 어떨까?"

은이는 엄마의 말을 듣고 곰곰이 생각해보았어요. 무섭고 두려운 마음을 없애려면 어떡해야 할까요?

은이는 그날 이후 원이가 그림자가 무섭다고 울 때마다 원이의 손을 꼭 잡아주었어요. 그리고 별님에게 기도했습니다.
"원이가 그림자가 무섭대요. 무서운 마음이 사라지게 지켜주세요."
또 은이는 원이의 눈물과 땀을 닦아주며 말했어요.
"아빠랑 엄마랑 언니가 너를 지켜줄게. 무서우면 언제라도 말해. 내가 꼭 안아줄게."

은이는 원이가 무서워할 때마다 손을 잡아주고, 안아주고, 무서운 마음을 달래주었어요.
얼마나 시간이 지났을까요. 어느 날 원이는 자신의 그림자를 보고도 "응?" 하고 아무렇지 않게 놀았어요. 그림자는 사라지지 않았지만, 원이의 마음속에 있던 두려움은 어느새 어딘가로 사라져버렸어요.
은이는 알 수 있었어요. 사랑하는 마음이 두려움을 내쫓는다는 것을요. 무서운 존재를 없애줄 수는 없지만, 두려워하고 힘들어하는 누군가를 진심으로 위로하고 그 마음을 알아줄 수 있다는 것을요.
그날 이후 숲 속 집의 네 식구는 더욱 서로를 사랑하며 즐겁게 살고 있답니다.

엄마의 생각 주머니

　아이들은 크면서 계속 변하나 봐요. 지금보다 더 어릴 적에는 겁이 없던 작은아이가 크면서 무서운 게 많아졌습니다. 반대로 작은 소리에도 움찔하고 제 품으로 파고들던 큰아이는 웬만한 것에는 쫄지 않는 다섯 살 언니가 되었고요. 예전에 충남 공주로 여행을 가서 한옥의 너른 방에 묵은 적이 있는데, 밤에 핸드폰 플래시를 켜서 그림자놀이를 했어요. 커다란 천장에 비치는 엄청나게 큰 그림자에 충격을 받았는지, 작은아이는 한동안 그림자만 보면 너무 무서워했어요. 침대에 누우면 창밖으로 라이트를 켠 자동차들이 지나가며 천장에 갖가지 그림자가 만들어졌는데, 그때마다 식은땀을 흘리며 울었어요. 그래서 이 이야기를 생각하게 되었어요. 지금도 큰아이는 작은아이가 뭔가 무섭다고 하면 손을 잡아주고, 안아주고, 기도를 해줍니다(대부분의 시간을 투닥거리며 싸우긴 하지만 이런 빛나는 순간도 드물게 있답니다).

아이들마다 무서워하는 게 있어요. 무서워하는 대상을 아예 없애면 좋겠지만, 쉽지 않은 일이에요. 원이가 무서워하는 그림자도 우리 힘으로 없앨 수는 없잖아요. 동화 속 은이는 그림자를 무서워하는 동생이 안쓰러워 처음에는 그림자를 찍어내려고 아빠의 도끼로 연습을 합니다. 무거운 도끼를 들어올리기 힘들어서 밥을 많이 먹고 힘을 키워 도끼로 그림자를 찍어낼 수 있는 실력(?)을 갖추게 되죠.

그렇지만 결국 은이는 그림자를 잘라내지 못합니다. 그림자를 없애는 대신 무서워하는 원이를 어떻게 달래줄지 고민하지요. 손을 잡아주고, 안아주고, 땀을 닦아주면서 원이와 늘 함께합니다. 이런 마음이 아이를 바라보는 엄마의 마음이기도 하겠지요. 무서워하거나 힘든 일 자체를 없앨 수는 없지만 곁에서 함께할 수는 있으니까요. 어쩌면 원이의 그림자를 없애기 위해 열심히 밥을 먹고 도끼질을 연습했던 은이의 마음이 아이들을 바라보는 엄마들의 마음인지도 모르겠습니다.

　한 생명을 키워내기 위해 인내심 제로였던 저 역시 아이의 울음소리를 참아내고, 피곤함을 몇 잔의 믹스커피로 이겨내고, 자다가도 아이의 울음소리에 번개처럼 눈을 떠서 아이를 살피는 그런 '엄마'가 되어가고 있으니까요. 엄마의 사랑 덕분에 아이들은 무섭고 힘든 것을 조금씩 이겨나가며 오늘도 자라고 있습니다. 사랑은 언제나 두려움을 쫓아내니까요.

더 이야기해주세요

- 은이가 도끼질을 하는 장면에서는 정말로 "영~차!" 하면서 손으로 도끼질을 하는 시늉을 하면 아이들이 즐겁게 웃고는 했어요. 그리고 원이가 "응?" 하면서 무심히 그림자를 지나치는 장면에서도 아주 무덤덤하게 "응?" 하고 이야기해주세요. 아이들이 까르르 웃는 포인트입니다.

- 형제가 없다면 은이를 엄마로, 원이를 아이로 바꿔주세요. 이야기가 끝난 후 아이에게 무서워하는 것이 무엇인지도 물어봐주세요.

예시: "은이는 해골이 무섭구나. 해골이 꿈에 나올까 봐 무서워? 그럼 엄마가 자기 전까지 손을 꼭 잡아주고, 꿈속에서도 같이 있을게. 그리고 네가 혹시라도 밤에 잠에서 깨면 엄마가 늘 옆에 있을게. 그리고 해골을 도끼로 꽝꽝! 쳐서 다 물리쳐줄게. 그리고 내일 아침에 우리 해골떡 해먹을까?"

해골 모양 떡을 해먹자는 말에 아이가 싱긋 웃고 잠이 들려다가 한참 후에 심각한 목소리로 말하더군요. "근데 엄마, 내일 아침에 해골떡 안 먹으면 안 돼?"라고요. 그 말이 얼마나 웃기고 귀엽던지요!

이야기 열넷

난 아직 엄마가 필요해요
엄마 인형

엄마 인형

세상의 수많은 어린이에게는 자기만의 버릇이 하나씩 있어요.

하루 종일 즐겁게 뛰어놀다가도 엄마, 아빠와 헤어져 꿈나라로 가야 하는 시간이 되면 무섭거나 두려운 마음을 잊기 위해 어떤 버릇을 반복하기도 하죠.

원이처럼 엄마의 한쪽 팔을 다리 밑에 깔고 눕기도 하고, 엄마의 배꼽에 엄지손가락을 넣기도 하고, 엄마의 머리카락을 만지작거리거나 귓불을 잡고 있기도 하고, 또 어떤 아기는 엄마의 소맷자락을 쪽쪽 빨기도 한다는군요.

엄마들은 아이들이 잠들 때까지 엄마를 만질 수 있도록 자신을 내어주었지만 조금씩 귀찮아지기 시작했어요.

빨리 스마트폰도 보고 싶고, 열 시에 시작하는 멋진 오빠들이 나오는 드라마도 보고 싶고, 잔뜩 쌓아둔 설거지도 해야 되니 마음이 급했거든요.
'아유, 얘는 빨리 좀 자지. 왜 이렇게 만지작거려!'
'언제까지 이러고 있어야 되는 거야. 아우, 내 귓불 다 늘어나겠다!'
엄마들은 아이들이 만지는 게 귀찮았어요.

어느 날 텔레비전에 신기한 광고가 나오기 시작했어요.
엄마의 냄새, 엄마의 감촉과 똑같은 인형이 나왔다는 거예요.
엄마를 만지고 더듬으며 잠이 드는 아이들에게 이 인형만 안겨주면 아이들은 인형을 엄마로 알고 잘 잔다고 했어요.
엄마들은 너도나도 줄을 서서 그 인형을 샀지요. 그리고 아이들에게 인형을 안겨주었어요.
정말로 광고에 나온 것처럼 아이들은 엄마 대신 인형의 머리카락, 인형의 배꼽, 인형의 팔, 인형의 귓불과 손가락을 만지고 더듬고 빨며 잠이 들었어요.

엄마들은 신이 났어요. 불을 끄고 아이들에게 엄마 인형만 안겨주면 엄마들은 몰래 방을 빠져나와 재미있게 드라마도 보고, 스마트폰도 하고, 설거지도 할 수 있었거든요.
"엄마 인형이 최고야!"

엄마들의 입소문을 타고 인형은 불티나게 팔렸답니다.

그런데 사실 이 엄마 인형은 아주 나쁜 박사님이 만든 거였어요.
박사님은 엄마 인형 안에 조그맣고 네모난 칩을 하나 숨겨놓았어요.
이 인형이 많이많이 팔려서 집집마다 엄마 인형을 갖게 된 어느 날, 박사님은 리모컨으로 빨강 버튼을 한 번, 파란 버튼을 두 번, 노랑 버튼을 세 번 눌렀답니다.
그랬더니 이게 웬일이에요! 엄마 인형들은 삐릿삐릿 소리를 내면서 어디론가 움직이기 시작했어요. 그러고는 모두 박사님이 있는 곳을 향해 걸어가기 시작했어요.
놀라운 건 여기서 끝이 아니었어요. 갑자기 아이들도 모두 일어나 엄마 인형을 따라가기 시작했습니다.
"엄마 엄마!" 하고 울면서 아이들은 엄마 인형을 따라갔어요.

당황한 엄마들이 "엄마 여기 있어!" "은이야! 엄마 여기 있잖아!"라고 아무리 불러도 아이들은 엄마 인형만 졸졸 따라갔어요.
엄마들은 너무나 놀랐어요. 아무리 아이들을 붙잡으려 해도 잡을 수가 없었어요.

엄마들은 눈물을 흘리기 시작했어요.

아이들이 엄마를 찾을 때, 엄마의 살 냄새를 맡고 엄마의 품으로 안길 때, 그때 조금만 더 품을 내어줄걸 하고 후회하면서 울었어요.

　이제 어디서 아이들의 예쁜 손가락, 아이들의 포동포동한 팔, 아이들의 향기로운 숨 냄새를 맡아야 할까요. 세상의 모든 엄마들이 흘린 눈물이 한 방울, 두 방울 떨어져서 조그마한 웅덩이가 되고 강이 되었어요.

그런데 엄마들이 흘린 눈물의 강을 밟고 지나가려던 인형들이 삐릿삐릿 하면서 갑자기 멈추었어요.

그러고는 꾸루루룩 삐리리릭 이상한 소리를 내면서 팔다리를 마구마구 움직이더니 그 자리에서 푹 쓰러지고 말았어요.

맞아요. 엄마 인형 안에 있던 까맣고 네모난 칩이 눈물에 젖어서 고장이 나버린 거예요.

눈물 속에는 소금이 들어 있어서 짠맛이 나거든요. 그리고 엄마들의 눈물에는 사랑이 가득 들어 있으니까요.

나쁜 박사가 아무리 리모컨을 눌러도 인형은 움직이지 않았어요.

그리고 엄마 인형을 따라가던 아이들도 다시 엄마의 품으로 돌아왔어요.

엄마들은 그제서야 알았어요. 아이들이 엄마의 품으로 파고들고, 엄마의 손가락과 발가락, 머리카락과 귓불, 소맷자락을 애틋하게 사랑하는 시간도 언젠가는 끝이 있다는 것을요.

그래서 엄마들은 스마트폰과 드라마, 설거지를 잠시 미루기로 했어요.

아이들이 완전히 잠들어서 무서움 없이 따뜻하고 포근한 꿈나라의 구름 이불로 뛰어들 때까지, 아이들이 자라나 엄마가 곁에 없다 해도 어둠 속에 눈을 감고 달콤한 잠을 청할 수 있을 때까지 엄마들은 아이 곁에 있을 거랍니다.

엄마의 생각 주머니

　이 이야기는 사실 아이에게 들려주기보다 제 자신에게 들려주고 싶은 이야기예요. 작은아이가 꼭 제 팔을 양다리에 끼고, 저의 옷 솔기를 만져야만 잠이 들었거든요. '이만하면 잠들었겠지' 하고 제가 살짝 팔을 빼면 심하게 짜증을 내며 깨곤 했어요. 그래서 저는 계속 시계를 쳐다보며 '아, 열 시 드라마를 봐야 하는데' 하고 노심초사, 안절부절못했답니다. 아니 좀 그냥 잠들면 안 되니?

　〈하멜른의 피리 부는 사나이〉를 떠올리며 이 이야기를 들려주었어요. 〈하멜른의 피리 부는 사나이〉는 아이들을 모두 데려갔지만 이 이야기 속 아이들에게는 엄마가 있지요. 때로는 아이들이 귀찮고, 부담스럽고, 얼른 재우고 숨이라도 돌리고 싶은 우리지만 그래도 아이들을 누구보다 사랑하는 이도 우리니까요. 아이들을 어디론가 끌고 가던 엄마 인형이 멈춘 건 엄마 눈물의 소금기 때문이기도 하겠지만, 결국은 엄마의 눈물 속에 들어 있는 사랑의 힘 때문일 거예요.

  이 이야기를 들려주던 시기도 지나고 이젠 아이들이 또 자라서 남편이 늦게 들어오는 날도 아이들을 재우기 전에 설거지까지 마무리할 수 있게 되었어요. 설거지는 쌓아둔 채 두 아이를 케어하며 허덕이던 시간을 생각하면 큰 변화죠. 또한, 두 아이를 씻기고 나면 땀범벅이 되어 온몸에서 땀 냄새를 풍기며 아이들과 까무룩 잠들던 날도 지나, 지금은 두 아이를 씻기고 옷을 갈아입혀 방으로 들여보내고, 저도 샤워를 할 수 있어요. 제가 샤워를 하고 나올 때까지 아이들은 그림책을 보거나 블록을 하며 기다립니다. 아이들은 그렇게 자라고 있네요. 우리는 그렇게 아이들의 유년과 매일 이별하며 살고 있어요.
  그러니 조금 더 안아주자고, 내 팔과 다리와 옷 솔기를 아이들이 마음껏 만질 수 있게 내어주자고 매일 다짐합니다.

더 이야기해주세요

- 엄마 인형이 삐릿삐릿 하고 기계음을 내면서 움직이고, 꾸루루룩 삐리리릭 하면서 망가지는 소리를 실감나게 표현해보세요. 팔을 휘청거리며 망가지는 흉내를 내면 아이들은 열광해요.

- 특별한 잠버릇이 없는 아이라면 아이가 지금보다 더 어렸을 때 어떻게 재웠는지 이야기해주세요. 아이들은 자신들이 기억하지 못하는 어릴 적 이야기 듣는 걸 참 좋아하더라고요.

이야기 열다섯

친구가 싫어하는 장난은 치지 않아요
신기한 감기에 걸린 아기 공룡

신기한 감기에 걸린 아기 공룡

어느 마을에 장난꾸러기 아기 공룡이 살고 있었어요.

아기 공룡은 친구들에게 장난치는 걸 좋아했죠.

친구들이 당황하거나 깜짝 놀라는 모습을 보면 아기 공룡은 배꼽을 쥐고 깔깔깔 웃어댔습니다.

매일 아침 일어날 때마다 오늘은 어떤 장난으로 친구들을 놀라게 할까 생각하고요.

밥을 먹을 때도 얼른 먹고 힘을 내서 친구들에게 재미 있는 장난을 쳐야지 생각하고요.

밤에는 잠자리에 누워서 내일 아침에는 이런 장난을 쳐야지 생각하며 잠들었답니다.

예쁜 치마를 입은 토끼에게 살금살금 다가가서 치마를 휙 들치면서 "아이스케키!" 그러면 토끼는 얼굴이 새빨개져서 "아앙~ 그러지 마!" 하고 울었어요.

또 눈이 나빠서 안경을 쓴 펭귄이 잠든 사이 안경을 벗기고 크레파스로 눈에 커다란 안경을 그려놨지요. 잠에서 깨어난 펭귄의 어리둥절한 얼굴을 보면서 아기 공룡은 깔깔 웃어댔어요. 펭귄은 거울을 보고 화가 머리끝까지 나서 "너어~! 이러는 게 어딨어!" 하고 소리쳤어요.

그리고 덩치가 좋은 곰이 천천히 걸어와 의자에 앉으려고 하면 의자를 뒤로 확 빼어버렸어요. 곰은 바닥에 쿵! 하고 엉덩방아를 찧었죠. 그 모습이 또 얼마나 웃기던지 아기 공룡은 데굴데굴 바닥을 구르며 웃었어요.

또 여우가 우유를 먹으려고 컵에 따라놓고 잠깐 다른 일을 하는 사이 우유에 소금을 잔뜩 넣었어요. 여우는 그것도 모르고 우유를 마시다가 "으웩~ 너무 짜!" 하면서 우유를 다 뱉어버렸지요. 그 모습을 보면서 아기 공룡은 까르르르 웃음을 터뜨렸어요.

그런데 아기 공룡이 모르는 게 하나 있어요.

장난을 치면 아기 공룡은 재미있겠지만 친구들은 싫어한다는 거예요.

아기 공룡은 내가 재미있으니까, 당연히 친구들도 재미있어 할 거라 생각했지요.

하지만 아기 공룡의 장난에 친구들은 점점 화가 나기 시작했어요.

"공룡은 너무 장난꾸러기야!"

"우리가 놀라고 당황하는 걸 재미있어 하다니, 정말 나빠!"

"지난번엔 내 장난감 기차를 다 부수고서도 깔깔 웃었어! 아무리 싫다고 해도 듣지 않아!"

"안 되겠어. 공룡이가 장난을 치지 못하게 우리 작전을 짜보자!"

친구들은 소곤소곤 머리를 맞대고 공룡의 버릇을 고쳐줄 작전을 짰어요. 그리고 아기 공룡이 듣는 자리에서 슬쩍 이런 이야기를 했어요.

"얘들아, 그거 알아? 요즘 신기한 감기에 걸린 친구들이 많대. 그 감기에 걸리면 기침이나 콧물이 나오는 대신 몸이 투명해져서 다른 친구들 눈에 보이지 않는대."

"나도 그 이야기 들었어. 이웃 마을에도 몸이 투명해진 친구들이 아주 많다며?"

"의사 선생님이 그러시더라. 나쁜 장난을 많이 치면 그 감기에 더 잘 걸린다고."

아기 공룡은 마음이 뜨끔했지만 다른 장난을 칠 생각에 금세 친구들의 말을 잊어버렸어요. 그리고 나서 즐겁게 노래하는 벌새의 뒤로 살금살금 다가가 손으로 친구의 입을 막아버렸어요. 그런데 벌새가 뒤를 돌아보면서 이렇게 말하는 거예요.

"어? 누구지? 아무도 안 보이는데 누가 내 입을 막았지?"

옆에 있는 친구들이 모두 말했어요.

"응? 아무도 안 보이는데?"

"맞아. 아무도 없어."

그 말을 들은 아기 공룡은 깜짝 놀랐어요. 세상에, 내가 안 보인다고?

아기 공룡은 친구들 앞에 다가가 크게 팔을 흔들었어요. 엉덩이로 이름도 쓰고요. 이상한 표정도 지어보고 별별 행동을 다 해봤어요.

그런데 친구들은 눈도 깜짝하지 않았어요.

아기 공룡이 친구들 앞에 가면 친구들은 휘파람을 불며 딴청을 부렸어요. 마치 공룡이 보이지 않는 것처럼 말이에요.

큰일 났다! 내가 친구들이 말한 감기에 걸렸나 봐!

아기 공룡은 너무 놀라고 무서웠어요.

병원에 가도 의사 선생님이 공룡을 볼 수 없을 텐데, 그러면 어떻게 진찰을 받고 이 감기를 고치죠?

아기 공룡은 뒤늦게 자신의 행동을 뉘우쳤어요.

친구들 눈에 보이지 않으면 함께 놀 수도, 축구를 할 수도 없잖아요.

'친구들이 싫다고 하는 장난을 치는 게 아니었어. 난 장난을 치면 재미있었지만 친구들이 싫어한다는 것을 생각하지 않았어. 결국 이렇게 몸이 투명해지는 감기에 걸려버렸어!'

아기 공룡의 눈에는 눈물이 그렁그렁해졌어요.

흘깃흘깃 곁눈질로 아기 공룡을 지켜보던 친구들은 아기 공룡이 우는 걸 보자 미안해졌어요.

'아, 우리가 공룡이의 마음을 아프게 했구나! 우리가 너무 심했어.'

그래서 친구들은 작은 소리로 하나, 둘, 셋 하고 다 같이 외쳤답니다.

"아기 공룡아, 계속 널 찾았는데 어디 있다가 나타난 거야?"

"보고 싶었어. 우리가 너를 찾아냈으니까 이제는 울지 마."

아기 공룡은 눈물을 흘리며 친구들이 자신을 볼 수 있어서 정말 다행이라고 생각했어요.

친구들도 아기 공룡을 울린 게 진심으로 미안해서 몇 번이나 아기 공룡을 쓰다듬고 달랬어요.

"공룡아, 너는 장난꾸러기지만 우리는 네가 참 좋아. 하지만 우리가 싫다고 하는 장난은 이제 안 했으면 좋겠어. 알았지?"

아기 공룡은 고개를 끄덕였습니다. 친구들이 싫어하는 장난을 해서 친구들을 잃는 건 싫으니까요.

그다음부터 아기 공룡은 장난을 치고 싶을 때마다 이렇게 생각했어요.

'이 장난이 나도 재미있고 친구들도 재미있을까? 아닐까?'

아기 공룡과 친구들은 더 재미있고 즐겁게 놀 수 있게 되었어요.

오늘도 아기 공룡과 친구들은 신나게, 행복하게, 건강하게 하루를 보냈답니다.

엄마의 생각 주머니

아직 다른 사람의 마음을 읽지 못하는 어린 아이들이라서 노는 걸 지켜보다 보면 웃기기도 하지만 때로는 답답하기도 합니다. 자기는 장난이라고 거는데 상대방은 싫어서 울거든요. 자기는 좋아한다고 지분거리는데 상대방은 귀찮아하고요. 그러면 그 마음이 서운해서 결국은 손이 나가고 싸움이 되지요. 치고받고 싸움이 되면 얼른 말리러 가지만, 가끔은 가만히 지켜보기도 합니다. '내 마음 같지 않은 다른 사람의 마음'을 아이들이 알아가길 바라면서요. '이런 상황에서 내가 이렇게 하면 다른 사람이 싫어할 수도 있구나', '나는 별다른 생각 없이 말하고 행동한 건데, 다른 사람은 속상할 수도 있구나' 하는 것 등 아이들이 차근차근 배워갈 것이 많습니다.

장난을 치더라도 상대방이 싫어하거나 화를 내면 거기서 끝내야 한다고 가르치면서도, 저는 장난이란 이름으로 아이들이 "그만해!"라고 정색을 하고 화를 낼 때까지 짓궂게 장난을 친 적은 없었는지 돌아봅니다. 제가 아이들을 낳았지만, 아이들의 몸과 마음은 결국 자기들의 것이니까요.

　이 이야기에서 친구들은 처음에는 아기 공룡의 장난치는 버릇을 고치려고 자기들끼리 모의(?)를 해서 공룡을 '투명 공룡'으로 만들지만, 아기 공룡이 슬퍼하고 우는 걸 보고 뉘우칩니다. 저는 아기 공룡의 후회뿐 아니라 다른 친구들의 후회 또한 정말 중요하다고 생각하면서 이 이야기했어요. 가정이라는 울타리 안에서 저는 두 아이를 지켜보지만, 이제 두 아이는 제가 지켜볼 수 없는 공간에서 각자의 인간관계를 경험하게 되겠지요. 그 속에서는 별의별 일이 다 일어날 수 있겠다고 생각합니다. 다투고 싸우고 화해하고 다시 관계를 쌓아가는 모든 과정에서 아이들이 타인을 향한 연민과 공감을 배울 수 있기를 바랍니다. 다른 사람이 싫다고 하는 장난은 치지 않고, 또 다른 사람이 속상하고 마음 아파할 때 그 감정에 귀 기울여줄 수 있는 아이들이 되길 바랍니다.

더 이야기해주세요

- 친구가 내가 싫어하는 장난을 계속 칠 때 어떤 기분인지 물어봐주세요. 반대의 경우도 생각해볼 수 있게 도와주세요.
- 내가 이야기 속 친구들이라면, 어떻게 했을지 물어봐주세요.

예시: "은이야, 친구들은 아기 공룡을 눈에 보이지 않는 것처럼 대했잖아. 그래서 공룡이 많이 속상하고 깜짝 놀랐을 거 같은데, 너라면 어떻게 했을 것 같니? 음… 엄마라면 어떻게 했을까? 엄마는 친구와 맛있는 과자를 같이 먹으면서 이야기했을 것 같아. 너를 참 좋아하는데, 내가 싫어하는 장난은 치지 않았으면 좋겠다고. 그래야 더 재미있게 놀 수 있을 것 같다고 말했을 것 같아. 은이는 동생이 귀여워서 막 안아주고 그리는 거잖아? 근데 동생이 싫다고 하면 더 이상 하지 말아야 해. 계속 장난치고 건드리니까 싸움이 되거든. 다음에 동생이 싫다고 하면 너는 어떻게 할 거니?"

5

〈하루 10분 꿀잠 동화〉와
함께 읽으면 좋은 책

∞ 우리 몸의 소중함

콧구멍을 후비면 | 사이토 타카코 글·그림 | 애플비

아이들의 고쳐주고 싶은 버릇들이 있다면 이 책은 재미있게 아이들에게 경각심(?)을 일깨워줍니다. 두려움만 주는 게 아니라(콧구멍을 자꾸자꾸 후비면 콧구멍이 주먹만하게 커져버릴지도 몰라!) 대안도 주고요(시원하게 코를 팽 풀자), 그러면서 아이의 마음도 안아주지요(코딱지가 나오는 게 재미있기는 해, 그치?). 한 장씩 넘길 때마다 변해버리는 모습에 아이들은 두려워하면서도 열광 또 열광하지요. 세 살 때 무렵 읽어줬을 때는 정말 손가락이 가래떡처럼 늘어날까봐, 배에 구멍이 뻥 뚫릴까봐 무서워하더니, 다섯 살이 되니 마냥 헤헤거리면서 웃습니다. 소중한 우리 몸, 우리가 사랑하자는 훈훈한 결말이니까요.

∞ 마음이 편안해지는 책

진짜 나무가 된다면 | 김진철 글·그림 | 비룡소

씨앗에서 태어난 작은 새싹은 자신의 미래를 꿈꿉니다. 진짜 나무가 된다면 얼마나 좋을까? 이 책은 위로 혹은 옆으로 펼쳐서 보는 그림책인데 그림이 정말 너무 아름답고 예뻐요. 그리고 참 시적입니다. 진짜 나무가 된다면 외로운 사슴에게 살며시 어깨를 내어주고, 둥지가 필요한 새들에게 겨드랑이를 살짝 벌려주고, 향기나는 꽃을 피워 멀리 여행을 보내겠다는 새싹의 꿈이 꼭 이루어지길 바라게 되지요. 이 책을 읽으면 꼭 제 마음이 편안해지고 정화되는 것 같아서 아이에게도 자주 읽어주고 저도 참 사랑하는 책입니다.

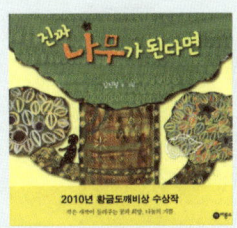

이야기 열여섯

따뜻한 마음을 잃지 말아요
비의 요정을 찾아서

비의 요정을 찾아서

어느 나라에 욕심 많은 왕이 살았습니다. 이 나라에는 오랫동안 비가 오지 않았어요.

한 달, 두 달, 세 달째 비가 오지 않자 땅은 쩍쩍 갈라지고 곡식은 메말라 죽어갔습니다. 마실 물이 없어 고통스러운 사람들은 왕에게 달려가 비가 오게 해달라고 매달렸어요.

하지만 왕도 어떻게 해야 할지 몰랐어요. 그래서 이렇게 말했어요.

"누구든지 비를 내려주는 '비의 요정'을 찾아오는 사람에게 큰 상금을 내리겠노라!"

많은 이들이 비의 요정을 찾아오겠다고 큰소리를 쳤지만 비의 요정을 찾아오는 사람은 한 명도 없었어요. 요정이 살고 있는 깊은 동굴은 험한 산과 거친 물결이 치는 계곡을 지나야 하는 위험한 곳이었기 때문이에요.

어느 날 어린 나무꾼이 왕을 찾아왔습니다.
"제가 비의 요정을 찾아오겠습니다!"
왕은 흘끗 나무꾼을 쳐다보고 비웃었어요.
나무꾼의 옷은 낡고 지저분했고, 비실비실 힘도 없어 보였거든요.
가진 거라곤 도끼 한 자루뿐인데 과연 험한 산과 계곡을 지나서 요정을 찾아올 수 있을까요?

나무꾼은 길을 나섰어요. 어린 나무꾼이 모험을 떠난 이유는 단 하나였어요. 빨리 비가 내려야만 집에 계신 몸이 아픈 할머니에게 시원한 물을 드릴 수 있기 때문이에요.

비의 요정을 찾으러 가는 길은 듣던 대로 너무나 험난했어요.
나무꾼은 메마른 땅을 한참 걷다가 잠깐 앉아 쉬기로 했어요.
땅 위에 주저앉아서 멍하니 땅을 내려다보았는데, 작은 뱀 한 마리가 커다란 돌에 깔려 꿈틀거리고 있는 거예요.
나무꾼은 뱀이 너무 가엾어서 얼른 돌을 치우고 뱀을 그늘진 풀숲에 놓아주었어요. 죽어가던 뱀이 다시 꿈틀꿈틀 살아나는 것을 보니 기분이 좋아졌어요.

나무꾼은 다시 길을 떠났어요.

땅이 갈라져서 나무뿌리가 앙상하게 드러난 숲을 지나는데, 어디선가 알 수 없는 소리가 들렸어요.

소리가 나는 곳으로 가보니 작은 새끼 거북이 한 마리가 나무뿌리 사이에 다리가 끼여 버둥거리는 것이 아니겠어요.

나무꾼은 자신의 도끼로 조심스럽게 나무뿌리를 잘라주었습니다.

거북이는 그제야 살았다는 듯이 뽈뽈거리며 어디론가 사라졌어요.

"거북아, 조심해서 집으로 잘 돌아가라!"

나무꾼은 마침내 비의 요정이 사는 동굴이 있는 험하고 높은 바위산에 도착했어요. 이 험한 산을 어떻게 올라갈지 마음이 답답했어요.

손으로 뾰족뾰족한 바위를 잡고 올라가려 했지만 나무꾼의 작은 손은 온통 피투성이가 되었어요.

그때였어요. 눈앞에 아주 기다랗고 튼튼해 보이는 밧줄이 나타났어요. 그런데 그 밧줄이 말을 하는 거예요.

"나무꾼님, 저는 아까 당신이 살려준 뱀이랍니다. 저는 사실 땅속 나라 임금님의 아들인데, 바깥세상을 구경하러 나왔다가 돌에 깔려 죽을 뻔했어요. 당신이 친절하게도 저를 도와주었죠. 나무꾼님이 산을 넘을 수 있도록 제가 도와드릴게요."

뱀은 세상 어느 밧줄보다 튼튼하고 길게 늘어났어요.

나무꾼은 밧줄처럼 변한 뱀을 꼭 붙잡았어요. 그러자 뱀은 꿈틀꿈틀 움

직여 산을 넘어갔어요. 나무꾼은 무사히 바위산을 넘을 수 있었답니다.

"뱀아, 정말 고마워!"

뱀의 도움을 받아 산을 넘었지만, 눈앞에는 엄청나게 물살이 센 계곡이 펼쳐져 있었어요.

이 강을 그냥 건넜다가는 물살에 휩쓸려 아무도 모르는 곳으로 떠내려 갈 것만 같았어요.

어떻게 해야 할지 모르는 나무꾼 앞에 갑자기 커다란 거북이가 나타났어요.

"나무꾼님, 저는 아까 당신이 구해준 아기 거북이의 엄마랍니다. 우리 아기가 집에 돌아오지 않아 걱정하고 있었는데 무사히 돌아와서 얼마나 기뻤는지 몰라요. 이 계곡은 제가 건너드릴 테니 걱정 말고 제 등에 어서 타세요!"

나무꾼은 거북이의 넓고 단단한 등에 올라탔어요. 물살이 거셌지만 거북이는 계곡을 건너 반대편 육지에 나무꾼을 내려주었답니다.

"엄마 거북아, 정말 고마워!"

험한 산과 계곡을 건너온 나무꾼은 이제 정말 비의 요정을 찾아야겠다고 생각하며 발걸음을 재촉했어요.

나무꾼은 드디어 요정이 살고 있는 동굴의 문 앞에 도착했어요. 그런데 이곳에는 빨간 눈을 한 무시무시한 용이 떡하니 버티고 있지 뭐예요!

나무꾼은 소스라치게 놀랐습니다. 용이 너무 무서워 팔과 다리가 덜덜 떨렸어요.

그때 나무꾼은 머릿속으로 할머니를 생각했어요. 할머니는 언제나 말씀하셨죠. 무서운 마음이 들 때면 무서운 대상을 똑바로 쳐다보라고요. 그리고 행복하고 좋았던 기억을 떠올리라고요.

나무꾼은 할머니와 보냈던 즐거운 시간을 떠올렸습니다. 더운 여름이면 할머니가 시원한 물로 머리를 감겨주셨던 일, 같이 달콤한 사과를 깎아 먹었던 일, 할머니가 차려주셨던 따뜻한 밥상을 생각했어요. 그리고 나서 용의 눈을 똑바로 바라보았지요.

그런데 용이 어딘가 아프고 불편해하는 것 같았어요. 자세히 보니 용의 앞발에서 피가 흐르고 있었어요. 용이 무섭다는 생각보다 가엾다는 생각이 들었어요. 나무꾼은 자기가 입고 있는 옷을 찢어서 조심스럽게 용의 피를 닦아주고 앞발을 감아주었어요.

그러자 신기하게도 용은 눈물을 흘리며 나무꾼에게 고개 숙여 인사를 하더니 동굴의 문을 열어주었어요.

나무꾼은 동굴 안으로 들어갔습니다.
그런데 비의 요정은 어디로 갔는지 보이지 않고 바위 위에 아주 작은 아기가 곤히 잠들어 있었어요.
나무꾼은 "비의 요정님! 어디 계세요?"라고 몇 번이나 외쳤지만, 아무 대답도 없었지요.
나무꾼은 울기 시작했어요. 빈손으로 다시 돌아갈 생각을 하니 걱정도 되고, 몸져 누워계신 할머니의 얼굴도 떠올랐어요.
아기는 나무꾼의 마음도 모르고 새근새근 잠들어 있었습니다.
나무꾼은 옷소매로 눈물을 훔치고 잠든 아기를 품에 안았어요.
아무리 무섭고 두려워도 동굴 안에 아기를 그대로 두고 갈 수는 없으니까요. 아기를 안고 동굴에서 나온 나무꾼은 다시 거북이와 뱀의 도움으로 무사히 성으로 돌아갔습니다.

나무꾼을 보자 왕은 눈을 부라리며 고래고래 소리를 질렀어요.
"고얀 녀석! 비의 요정을 데리고 오랬더니 품 안에 그 아기는 뭐냐! 나를 속이다니 큰 벌을 받게 될 것이다!"
그런데 갑자기 나무꾼의 품에 있던 아기가 점점 커지기 시작했어요.

놀란 나무꾼이 아기를 내려놓자 아기는 아주 아름다운 요정으로 변했습니다.

그리고 이렇게 말했어요.

"내가 바로 비의 요정이다. 내가 이 나라에 비를 내려주는 이유는 오직 한 가지, 이 나무꾼의 따뜻한 마음 때문이다. 누구보다 용감하고, 누구보다 따뜻한 마음을 가진 이 나무꾼을 이 나라의 왕으로 삼을 것이다!"

욕심 많은 왕은 비의 요정이 무서워서 어디론가 멀리 도망쳐버렸습니다. 그리고 모두가 간절히 기다렸던 비가 오기 시작했어요.

나무꾼은 욕심쟁이 왕이 성 안에 숨겨놓은 많은 재물과 보석, 음식을 가난한 사람들에게 골고루 나누어주었습니다.

그리고 이 나라의 왕이 되어 할머니를 궁전에 모시고 오래오래 행복하게 살았답니다.

엄마의
생각 주머니

  이 이야기에서 모든 것을 가진 왕은 어린 나무꾼을 무시하고 물이 없어 힘들어하는 사람들을 본체만체했어요. 하지만 어린 나무꾼은 뱀과 아기 거북이, 발을 다친 용, 동굴 안에 잠들어 있는 아기 등 작고 약한 존재를 불쌍히 여기는 마음을 가졌습니다. 주변 사람들에게 무례하게 말하고 행동하며, 강한 자에게는 약하고 약한 자에게는 강하면서도 자신이 정의롭다고 생각하는 어른이 참 많습니다. 저 역시 그런 순간은 없었는지 돌아보게 됩니다. '연민'이라는 단어는 '불쌍히 여길' 연(憐)과 '근심할' 민(愍)이 모인 글자입니다. 우리 아이들이 자기보다 힘든 이들을 불쌍히 여길 줄 아는 마음과 그들을 어떻게 도와줄 수 있을지 근심하는 마음을 붙잡고 살아갔으면 좋겠습니다.

  비의 요정을 찾아가는 마지막 여정에서 어린 나무꾼은 용을 만납니다. 빨간 눈을 한 커다란 용은 누구에게나 두려운 존재이겠죠.

아이에게도 언젠가부터 두려움의 대상이 생겼어요. 아이가 무서운 꿈을 꾼 날, 이 동화 속 할머니처럼 이야기해주었어요. "꿈속에 무서운 게 나타나면 똑바로 한번 쳐다봐. 그리고 재미있고 즐거웠던 일들을 생각하는 거야. 그리고 나서 잘 둘러보면 아마 꿈속에 엄마도 같이 있을걸?"

무섭고 힘들고 슬픈 일들, 자기 마음대로 안 되는 일이 아이의 인생에 왕왕 생겨날 겁니다. 그럴 때를 위해 매일 작고 사소하지만 즐거운 추억을 만들고 그 느낌을 기억하는 연습을 함께 합니다. 청량한 햇살과 노란 은행잎이 어우러진 가을 하늘을 바라보는 느낌이 어땠는지, 산에 함께 올라 바라본 풍경이 얼마나 아름다웠는지, 저녁 시간 유튜브에서 왈츠곡을 찾아 크게 틀어놓고 춤을 추는 기분이 어떠했는지 말입니다. 그렇게 사랑으로 가득 찬 시간을 조금씩 적립해가면 무서웠던 것도 똑바로 바라볼 수 있게 됩니다. 그리고 어떤 두려움도 껴안을 수 있게 될 거라고 믿습니다.

더 이야기해주세요

◆ 이 이야기는 조금 길지만 아이들이 좋아할 만한 모험 요소가 많아서 듣는 동안 지루해하지 않더라고요. 뱀이 밧줄로 변할 때에는 양 옆으로 누운 아이들에게 제 팔 한 쪽씩을 잡으라고 하고 뱀이 움직이듯 꿈틀꿈틀 움직이면서 이야기하고, 용을 만나 무서워서 떠는 장면에서는 이불 속에서 팔다리를 덜덜덜 떨면 아이들이 웃으면서 즐거워합니다. 할머니와의 추억을 떠올리는 장면에서는 오늘 엄마와 함께 보낸 즐거운 순간을 떠올리며 이야기해보면 좋아요.

이야기 열일곱

낯선 것, 다른 것도 괜찮아요
성질 급한 벌새와 느림보 곰

성질 급한 벌새와 느림보 곰

숲 속 마을에 성질이 아주 급한 겁쟁이 벌새가 살았습니다.

벌새는 이 세상에서 가장 작은 새들 중 하나예요. 작은 날개를 파닥거리며 날아다니죠. 벌새는 무서운 게 많아서 멀리 날아가지도 못하고, 늘 나무 위의 작은 둥지 주변만 파닥거리면서 돌아다녔어요.

어느 날 벌새가 먹이를 찾으러 나섰어요. 벌새는 작은 지렁이를 잡아먹고 살았어요. 숲 속의 흙에는 늘 지렁이들이 꼼실거리며 기어 다녔기 때문에 다른 것을 먹을 필요가 전혀 없었어요. 그런데 이날 따라 아무리 열심히 날개를 파닥거리며 여기저기 찾아봐도 지렁이가 한 마리도 눈에 띄지 않았어요.

벌새는 배가 너무 고팠어요. 이러다가는 날개의 힘이 모두 빠져버릴 것만 같았어요.

그때, 땅에 떨어진 사과 하나가 보였어요. 벌새는 조심스럽게 사과 옆에 내려앉았습니다. 그러고는 날개로 사과를 툭, 하고 건드려보았어요. 사과는 데굴데굴 굴러갔습니다.

벌새는 다시 조심조심 다가가서 사과를 만져보고 킁킁 냄새도 맡아보았어요. 빨갛게 잘 익은 사과에서는 달콤하고 맛있는 향기가 났어요.

벌새는 그 향기가 좋아서 '한번 먹어볼까?'라고 생각했지만, 새로운 것을 먹어본다는 게 두려웠어요.

사과를 포기하고 집으로 돌아가려던 벌새는 배가 고파 날개를 파닥거릴 힘도 없었어요.

'어떡하지? 저 사과를 먹어볼까? 아니야. 이상한 맛이 날 수도 있어.'

한참을 망설이던 벌새는 마침내 용기를 냈어요. 그래도 굶는 것보다는 낫겠지. 하고 생각했어요.

벌새는 사과를 부리로 콕콕 찍어보았어요. 사과를 맛본 벌새는 깜짝 놀랐어요.

"우와! 너무 달콤하고 맛있다! 지금까지 나는 지렁이만 먹었는데, 이렇게 새로운 것을 먹어봐도 괜찮구나."

벌새는 다음에 또 다른 나무 열매나 과일을 보면 용기를 내서 그것도 먹어보자고 다짐했어요.

사과를 맛있게 먹은 벌새는 뽀르르 날아 집으로 돌아왔습니다.

그런데 커다란 곰이 벌새의 둥지가 있는 나무를 도끼로 베고 있는 게 아니겠어요?

놀란 벌새는 곰의 머리를 부리로 콕콕 쪼며 말했어요.

"이봐! 이건 내 둥지가 있는 나무라고! 왜 허락도 없이 베는 거야?"

곰은 파닥파닥 날갯짓을 하며 쉴 새 없이 이야기하는 벌새를 보고 느릿느릿 말했어요.

"아… 미, 미안해…. 이 나무에… 네 둥지가… 있는 줄 몰랐어. 정말 미, 미안해."

곰의 말이 너무 느려 답답했던 벌새는 다시 빠르게 말했습니다.

"아니, 넌 왜 이렇게 말이 느린 거야! 사과를 하려면 빨리빨리 해야지!"

"어… 내가… 원래… 성격이… 아주 느긋해. 그래서… 나도… 사과를 빨리… 하고 싶지만…."

"아휴 답답해! 그나저나 내 둥지는 어떻게 할 거니?"

"음… 음… 내가… 너의 나무를 베었으니까… 일단은… 우리 집으로 갈래?"

벌새는 느릿느릿한 곰이 답답했지만 다른 방법이 없어서 곰을 따라 나섰어요.

곰의 집은 작은 벌새에게는 아주 크고 넓어서 좋았지만, 성격이 급한 벌새에게 느릿느릿한 곰은 너무 답답했어요.

"아휴! 말도 느리고, 행동도 느려서 답답해 죽겠네! 얼른 다른 나무를 찾아 둥지를 만들든가 해야지. 넌 나랑 너무 달라서 싫어!"

어느 날 벌새는 곰의 집을 나와 새로 둥지를 지을 나무를 찾아 나섰어요. 이 나무 저 나무 기웃거리는데, 어머나! 뭔가가 벌새의 몸을 휘감는 게 아니겠어요?

바로 대왕거미가 쳐놓은 튼튼한 거미줄이었어요.

벌새의 몸이 아주 작아서 거미줄에 걸리고 만 거예요. 성질 급한 벌새는 깜짝 놀라서 날갯짓을 더 빠르게 해댔죠.

그럴수록 끈끈한 거미줄은 벌새의 몸에 꽁꽁 달라붙어 벌새를 조여왔어요.

"꺄아아아악! 나 좀 살려줘! 거기 아무도 없어요?"

벌새가 파닥거리며 살라달라고 외치자 갑자기 어디선가 커다란 손이 다가오더니 벌새를 거미줄에서 조심조심 떼어냈어요.

바로 곰이었지요. 곰은 서두르지 않고 천천히 벌새를 손바닥 위에 올려놓고 벌새의 몸에 붙은 끈적끈적한 거미줄을 하나씩 떼어냈어요.

곰의 커다란 손으로 조급하게 거미줄을 떼어냈다가는 자칫 자신의 날카로운 발톱에 벌새가 다칠 수도 있으니까요.

"조금만… 기다려…. 내가… 너를 이 거미줄에서… 꺼내줄게."

시간은 한참 걸렸지만 곰은 무사히 벌새를 거미줄에서 구해냈어요.
벌새는 '아, 살았구나' 하는 한숨을 내쉬고 고마운 마음에 눈물이 났어요.
"정말 고마워. 나를 구해줘서."
곰은 빙긋이 웃으면서 말했습니다.
"아니야. 내가… 너의 나무를 벤 게… 정말… 미안했거든. 나는 성격이 느려서… 뭐든지 빨리빨리 하고 싶은… 너랑은 다르겠지만… 그래도 괜찮으면… 우리 집에서 같이 살면 좋겠어."

벌새는 곰이 고마웠어요. 만일 곰이 벌새처럼 성격이 급했다면 벌새를 구하려다가 다치게 했을지도 모르니까요.
벌새는 지금까지 낯선 것은 무조건 싫어하고, 나와 다르면 틀리다고 생각했어요.
하지만 곰을 보면서 자신의 생각이 잘못되었다는 것을 알았어요.
그 후로도 성격 급한 벌새가 빨리빨리 하지 못해 안절부절못하면 곰은 느릿느릿 다가와 따뜻한 목소리로 "조금 천천히 해봐도 괜찮아."라고 말했어요.
곰이 어떤 일을 빨리빨리 하지 못하면 벌새는 "곰아! 조금 더 해봐. 너는 잘할 수 있어."라고 말해주었지요.

성질 급한 벌새와 느림보 곰은 낯선 것도, 다른 것도 조금씩 좋아할 수 있다는 것을 서로를 통해 배웠습니다.

엄마의 생각 주머니

 아이를 키우는 엄마라면 이야기만 보고도 대충 아시겠지만, 동화 속 벌새와 곰은 〈뽀롱뽀롱 뽀로로〉의 해리와 포비를 모델로 한 것입니다. 이야기를 들려줄 때는 해리와 포비라는 이름을 넣으면 좋겠죠?

 사실 이 동화에서 벌새는 저이고 곰은 남편에 가깝습니다. 우리 부부는 신혼 초에 서로의 다름 때문에 얼마나 싸웠는지 모릅니다. 뭔가 철저히 준비하지 않으면 어디로 떠날 수 없으며, 길은 무조건 최단거리로 가야 하는 저와 반대로, 남편은 언제라도 즉흥적으로 어디든 갈 수 있는 사람이고, 길은 돌수록 매력이라는 오묘한 신조를 가진 사람이지요. 서로에게 적응하기 위해 참 힘들었던 시간이 있었는데, 지금은 일종의 열평형이 이루어져서 우리 부부는 적당히 중간점을 찾고, 서로의 달랐던 면을 조금씩 나눠 갖게 되었습니다. 한없이 느긋하기만 하던 남편이 시간관념을 갖게 되었고, 시간 약속에 늦거나 일의 결과가 미진하면 무한정 스트레스를 받던 제가 조금은 편안한 사람이 된 것이 그 증거지요.

익숙하지 않은 것, 나와 다른 것이 '틀린' 것이 아니라, 새로움을 경험하게 해주는 좋은 것이라는 사실을 아이들에게 알려주고 싶습니다. 가능하다면 아이들이 많은 것에 도전하고, 그 속에서 웃어도 보고 울어도 보고 인생의 희로애락을 골고루 경험했으면 좋겠습니다. 낯선 것이나 나와 전혀 다른 사람을 만나도 자신의 좋은 점을 잃지 않으며 그 속에서 배울 점을 찾아 더 나은 사람으로 성장하기를 바라는 마음으로 이 이야기를 들려주곤 합니다.

더 이야기해주세요

- 엄마가 도전하기 두려운 것(낯선 것, 나와 다른 사람 등)이 무엇인지 먼저 들려주고 아이에게도 물어봐주세요.

  예시: "엄마는 한번도 안 먹어본 음식은 먹기 싫고, 또 가보지 않은 길은 가기가 싫어. 그래서 많은 나라를 여행하면서도 그 나라의 여러 가지 음식을 먹어보지 못한 게 지금은 후회가 된단다. 그리고 엄마는 많은 사람들 사이에 있으면 괜히 부끄럽고 수줍어서 아무 말도 못했어. 그런 성격이 쉽게 고쳐지지는 않지만, 엄마가 너무 애쓰지 않아도 엄마를 있는 그대로 보여줄 수 있는 사람들을 많이 만나게 해달라고 기도한단다."

- 벌새의 말투는 무조건 빨리빨리, 곰의 말투는 영화 속 슬로모션처럼 느릿느릿하게 들려주세요. 벌새가 말할 때는 날갯짓을 파닥파닥해주면 아이들이 더 즐겁게 들어요.

- 동화 속 '사과'를 아이가 먹기 싫어하거나 도전하기 싫어하는 다른 음식으로 바꿔서 말해도 좋아요.

6

〈하루 10분 꿀잠 동화〉와 함께 읽으면 좋은 책

∞ 색깔로 읊어가는 재미있는 우리말

빨주노초파남보 색깔 말놀이 | 박정선 글 | 윤미숙 그림 | 시공주니어

빨주노초파남보 색색깔의 그림으로 말을 이어가는 눈과 입, 귀가 즐거운 그림책이에요. "초록 차가 달린다 초록 들판을 달린다 초록 잎들 찰랑찰랑 춤추고 초록 풀들 차르르르 흔들리네 차렷한 나무들을 차례차례 지나 초록 차가 달려가네 초록 들판을 달려가네 촤라라 촤라라 초록 바람 일으키면 초록 잎 초록 풀이 초록 춤을 추네" 이런 식이죠. 무지개색 그림들과 또랑또랑 이어지는 입말들에 읽어주는 재미가 있답니다. 처음에는 아이들이 멍하니 제 입만 쳐다보더니 1년이 넘게 읽어주고 있는 지금은 제법 외워서 종알종알 따라 한답니다.

∞ 두려움을 떨치는 법

마녀를 물리치는 방법 | 카트린 르블랑 글 | 롤랑 가리그 그림 | 별천지

디즈니 애니메이션을 좋아하는 아이는 공주에 대한 동경만큼 마녀에 대한 두려움도 커져서, 마녀가 오면 어떡하냐며 한참을 무서워하곤 했지요. 그런 아이를 위해 구입한 책이에요. 마녀가 마법 빗자루를 타고 날아다니면 진공청소기를 잡고 그 위에 올라타 전원을 켜라든지, 마녀들의 책에 쓰인 글자들을 요리조리 오려서 뒤섞어버리라든지 하는 처방이 재미있지요. 마지막에는 책을 탁! 덮어버리라고 하는데, 그렇게 책을 덮은 다음 장에는 책 사이로 찌부라진 마녀의 그림이 나와서 아이는 여러 번 책을 쾅쾅 덮으며 재미있어 했어요. 그리고 나니 마녀에 대한 무서움도 조금씩 떨쳐내더라고요.

이야기 열여덟

나다운 게 가장 좋은 거예요
운동대장 다람쥐

운동 대장
다 람 쥐

동물 친구들이 살고 있는 숲 속 마을에 축구를 무척 잘하는 귀여운 다람쥐가 살고 있었어요.

날쌔고 공을 잘 차서 모든 친구들이 다람쥐와 축구하는 걸 좋아했지요.

요리조리 피해서 공을 몰고, 골대 안으로 뻥! 오늘도 다람쥐는 멋지게 골을 넣었어요.

"다람쥐야, 넌 정말 대단한 축구 선수야!"

"우리도 너처럼 축구를 잘했으면 좋겠다. 우리 좀 가르쳐줄래?"

다람쥐는 어깨가 으쓱해지고 웃음이 나오는 걸 꾹 참고 친구들에게 이것저것 가르쳐주었어요.

다람쥐는 축구뿐만 아니라 홀라후프도 잘하고, 달리기도 잘하고, 그네도 엄청 높이 타고, 운동이라는 운동은 모두 잘해서 친구들 사이에서 아주 인기가 많았지요.
친구들은 다람쥐를 '운동대장 다람쥐'라고 불렀어요.

그런데 어느 날, 이 마을에 몸이 허약한 토끼가 이사를 왔어요.
토끼는 몸집도 작고 얌전해서 친구들과 함께 공을 차거나 스케이트를 타거나 수영을 하지는 못했지만, 뒤에서 조용히 친구들을 응원했어요.
토끼는 열심히 운동한 후 지치고 배고파하는 친구들을 집으로 초대해서 직접 구운 쿠키와 케이크를 대접했어요.

"얘들아, 한번 먹어봐. 내가 만든 건데 맛이 어떨지 모르겠어."
친구들은 토끼가 만든 케이크를 한입 먹고는 깜짝 놀랐어요.
"우와~ 너무너무 맛있다!"
친구들은 모두 엄지손가락을 치켜들며 토끼의 요리 실력을 칭찬했습니다.
토끼는 친구들에게 날마다 부침개, 떡볶이, 딸기 파이 등 맛있는 음식을 만들어 대접했어요.
동물 친구들은 토끼가 해주는 맛있는 음식을 기다리며 토끼 곁에 모여들었죠.

처음에는 다람쥐도 토끼가 해준 음식을 먹고 좋아했지만, 어느 순간 친구들이 토끼만 칭찬하고 관심을 갖는 것이 서운했어요.

"흥! 내가 운동을 잘한다고 나를 그렇게 좋아하고 나하고만 놀더니!"

다람쥐도 집에서 몰래 케이크를 만들어보았지만 늘 시커멓게 타버리거나 너무 맛이 없어서 먹을 수가 없었어요.

"내가 요리를 잘하면 친구들이 다시 나를 좋아해줄까?"

다람쥐는 그런 생각을 하면서 막 잠이 들려는데, 창문 밖으로 별똥별이 떨어지는 게 보였어요.

다람쥐는 별똥별을 보며 소원을 빌었습니다.

"별똥별님, 제가 요리대장 다람쥐가 되게 해주세요!"

그러고 나서 잠이 들었지요.

다음 날 아침이었어요.

다람쥐는 눈을 비비며 일어났습니다. 그런데 신기하게도 몸이 저절로 부엌으로 움직이는 것이었어요. 다람쥐의 손이 저절로 움직이더니 냉장고 문을 열었어요.

우유, 설탕, 밀가루, 버터, 소금, 달걀을 차례로 꺼내서 버터와 설탕을 녹이고 달걀을 넣어 휙휙 젓더니, 밀가루를 체에 치고 섞어 순식간에 반죽을 만들었어요.

"어? 내가 뭘 하는 거지?"

다람쥐는 반죽을 예쁘게 밀어서 하트, 별, 동그라미 모양으로 찍고 오븐에 집어넣었어요. 이 모든 일을 다람쥐가 해낸 거예요.

땡! 하고 오븐에서 나온 쿠키는 이 세상에서 가장 예쁘고 맛있었어요.

"이게 웬일이지? 내가 요리를 잘하게 되었어. 별똥별이 정말 내 소원을 들어주었구나!"

다람쥐는 너무 신기해서 냉장고에 있는 재료를 몽땅 꺼내 요리를 해보았어요.

입안에서 사르르 녹는 불고기, 토마토 소스와 치즈가 맛깔나게 어우러진 피자, 달콤하고 고소한 호두 파이, 따끈하고 부드러운 오믈렛…. 세상에! 다람쥐가 손을 대면 최고로 맛있는 음식이 척척 만들어 졌어요.

다람쥐는 얼른 친구들을 불러서 음식을 대접했어요.

"자, 내가 만든 요리야. 한번 먹어봐!"

음식을 맛본 친구들이 눈을 커다랗게 떴어요.

"우와~ 이게 진짜 네가 만든 요리야?"

친구들이 음식을 맛있게 먹자 다람쥐는 기분이 너무 좋아졌죠.

으쓱해진 다람쥐가 친구들에게 대장처럼 말했어요.
"자 얘들아, 우리 이제 축구하러 가자!"
친구들은 우르르 다람쥐를 따라나섰지요.
다람쥐는 평소처럼 공을 멋지게 차려고 했어요.
그런데 어? 어? 이상하게 다람쥐는 헛발질을 해서 쿵! 엉덩방아를 찧고 말았어요.
다른 친구들이 쌩하니 공을 몰고 가는데, 다람쥐의 다리는 너무너무 느리게 움직여 공을 쫓아갈 수 없었어요.
내 몸이 어떻게 된 거지? 다람쥐는 놀라고 어리둥절했습니다.

'앗! 내가 운동대장 다람쥐가 아니라 요리대장 다람쥐가 된 거구나!'
별똥별에게 빈 소원 때문에 운동을 잘하는 다람쥐에서 요리를 잘하는 다람쥐가 된 거예요.
언제나 여기저기 재빠르게 달리며 움직이기 좋아했던 다람쥐는 좀이 쑤셨어요.
하지만 훌라후프도 잘 안 되고, 발은 느릿느릿하고, 공을 차는 발은 둔하기만 했어요.
"으앙! 이런 게 어딨어! 내가 좋아하고 잘하는 게 있었는데!"

그날 밤 다람쥐는 다시 별똥별에게 소원을 빌기 위해 창가에 섰어요.

모든 것을 잘하고 싶었던 다람쥐는 자기가 가장 좋아하고 잘하는 한 가지를 잃어버린 것이 너무 슬펐어요.

그때 하늘에서 별님이 이렇게 말해주었어요.

"다람쥐야, 누구에게나 자기가 잘할 수 있고, 좋아하는 한 가지 재주가 꼭 있단다. 그러니 다른 친구들이 잘하는 것을 부러워하지 말고 너만이 잘할 수 있는 그 한 가지를 감사하게 생각하려무나."

다람쥐는 별님에게 큰 소리로 대답했어요.

"네, 별님! 이제부터는 다른 친구들의 재주를 부러워하지 않을래요. 제가 다시 운동대장 다람쥐로 돌아가게 해주세요!"

그때 별똥별이 하나 다시 떨어졌어요.

다람쥐는 별똥별이 자신의 소원을 들어준 것을 알 수 있었어요.

다람쥐는 편안한 마음으로 잠자리에 누웠습니다. 그리고 스스로에게 이렇게 속삭였지요.

"못하는 게 있어도 괜찮아. 모든 걸 다 잘할 수는 없어. 하지만 나에게는 좋아하고 열심히 할 수 있는 한 가지가 있으니까 충분히 멋있어."

다람쥐는 잠이 들었습니다. 꿈속에서 친구들과 즐겁게 축구를 하고 신나게 달리기를 하면서 말이에요.

엄마의 생각 주머니

한때 저의 카톡 프로필은 '강점으로 살자'였습니다. 다른 사람들에 비해 못하는 게 너무 많은 것처럼 느껴지던 어느 날, 스스로에게 다짐하듯 적은 말이었죠. 못한다고 말해도 괜찮다고 스스로를 다독이면서 말이에요.

남편과 함께 직장을 그만두고 떠난 세계 여행이 끝난 후, 한국으로 돌아온 저는 재취업에 실패했습니다. 전업주부로서 처음 손을 댄 살림은 손에 익지 않았고 요리, 청소, 정리 그 모든 것에 별로 흥미도 없었죠. 의욕을 가지고 노력해도 그다지 잘되지는 않더군요. 쓸데없는 완벽주의가 있어서 한참을 열등감과 자학으로 스스로를 괴롭혔지요.

지금은 생각이 좀 달라졌어요. 연륜이 쌓이면 그나마 나아질까 생각하고 있지만, 아마 십 년 뒤에도 아니 백 년 뒤에도 진정한 살림의 고수들과 어깨를 나란히 하지는 못할 겁니다. 하지만 그러면 어때요. 잘하는 것 하나를 가지고 살면 되잖아요. 제일 좋아하고 잘할 수 있고 평생 열심히 하고 싶은 것을 찾았으니 남은 인생은 열심히 책을 읽고 글을 쓰면서 나답게 살 겁니다.

아이들도 그랬으면 좋겠습니다. 뭐든지 잘하면 좋겠지만 그런 운을 타고나려면 생일날 별똥별이 오천 개쯤은 떨어져야 할 테니까요. 그러니 신이 아이들 안에 오롯이 숨겨두신 잘할 수 있고, 좋아하고, 열심히 할 수 있는 그 한 가지를 찾아서 그걸로 삶을 즐겁게 살아가면 좋겠습니다.

더 이야기해주세요

- 별똥별이 떨어진다면 아이에게 어떤 소원(무엇을 잘하고 싶은지)을 빌고 싶은지 물어봐주세요. 아이가 왜 그렇게 생각하는지도 들어주세요.
- 이야기를 들려주고 나서 다람쥐가 다시 운동대장 다람쥐가 되면 좋을지, 요리대장 다람쥐로 남는 것이 좋을지 아이의 생각을 물어봐주세요. 그리고 그렇게 생각한 이유도 진지하게 들어주세요.
- 아이가 지금 잘하고 좋아하는 것이 무엇인지 같이 생각해보세요. 아이가 쉽게 떠올리지 못한다면, 엄마가 아이의 장점을 말하고 격려해주세요.

예시: "은이는 아직 그네를 서서 타지 못하는데 친구가 그네를 서서 타니까 부러웠구나. 그런데 은이는 그림을 잘 그리잖아. 지난번에 그린 무당벌레 그림은 색깔이 정말 예쁘고 꼭 진짜 동화책에 나오는 무당벌레 같았어. 엄마도 원래 겁이 많아서 그네를 일어나서 잘 못 탔어. 엄마는 운동은 잘 못하지만 어렸을 때부터 일기 쓰고 글짓기하는 걸 좋아해서 지금도 글을 쓰고 있잖아. 은이도 언젠가는 그네를 서서 탈 수 있을 거야. 조금 늦어도 괜찮아. 은이에게는 은이만 잘하는 게 있으니까."

7

〈하루 10분 꿀잠 동화〉와
함께 읽으면 좋은 책

❀❀❀ 고운 그림이 가득한 책

찔레꽃 울타리 | 질 바클렘 글·그림 | 마루벌

동네 시장의 헌책방에서 봄, 여름, 가을, 겨울의 네 권을 다 집어왔지요. 우리 아이들은 특히 여름이야기를 좋아해요. 찔레꽃 울타리 들쥐 마을의 눈초롱과 바위솔의 결혼식 이야기거든요. 이 〈찔레꽃 울타리〉는 그림이 참 고와요. 매일 오후가 되면 키 큰 미나리아재비 그늘에 앉아 웨딩드레스에 수를 놓는 들쥐 눈초롱의 그림을 보면 저절로 입가에 웃음이 지어지지요. 글밥이 좀 많은 편이지만 아이는 예쁜 그림을 들여다보면서 이 책을 참 좋아했어요. 신랑 신부를 위한 사과 할아버지의 축배도 다정하죠. "자, 신랑 신부를 위하여! 부디 꼬리는 더 길어지고, 눈은 더 밝아지고, '찍' 소리는 더 커지지 않기를!" 우리 아이들은 이 말을 "엄마를 위하여! 엄마 다리는 더 길어지고, 눈은 더 밝아지고…." 라고 따라 하면서 깔깔 웃는답니다.

❀❀❀ 아이들의 유년을 응원하며

검피 아저씨의 뱃놀이 | 존 버닝햄 글·그림 | 시공주니어

검피 아저씨의 배에 꼬마들, 토끼, 고양이, 개, 돼지, 양, 닭, 송아지, 염소가 함께 타 뱃놀이를 합니다. 아저씨는 이들을 배에 태워주는 조건으로 각자 조심해야 할 행동들을 일러주지만, 모두들 말썽을 피워 결국 배가 뒤집혀 물에 풍덩 빠져버리지요. 검피 아저씨는 "그거 봐라, 내가 뭐랬니!" "내가 이럴 줄 알았다!" 라는 책망과 힐난의 말 대신 모두를 집으로 데려와 따뜻한 차를 마시고, "잘 가거라. 다음에 또 배 타러 오렴" 이라고 인사합니다. 이 책을 읽어줄 때면, 검피 아저씨의 푸근한 마음이 제 안에도 심어지길 바라게 됩니다. 좌충우돌 실수하며 배워갈 수밖에 없는 아이들의 유년을 넉넉한 마음으로 응원해주고 싶습니다. "잘 자거라, 내일은 또 귀여운 엄마의 아이들로 깨어나 주렴."

이야기 열아홉

동생은 아끼고 돌봐줘야 해요
세상에서 가장 힘이 센 은이

세상에서 가장 힘이 센 은이

옛날 어느 마을에 엉터리 토끼 마법사가 살고 있었답니다.

이 토끼 마법사는 마법을 부리기는 하는데, 뭔가 어설프고 조금씩 실수를 했어요.

예를 들면 이런 식이었지요.

어느 날 수영을 못하는 여우가 찾아와서 "수영을 잘할 수 있게 해줘."라고 부탁했어요.

"수리수리 마수리 뚝딱뚝딱 뚝딱딱! 여우가 수영을 잘하게 변해라!" 토끼 마법사가 주문을 외웠더니, 여우는 인어공주처럼 물고기 꼬리가 달린 모습으로 변해버렸어요. 으악! 이게 뭐야!

어느 날은 안경을 쓴 펭귄이 찾아와서 "눈이 좋아지고 싶어."라고 부탁했어요.

"수리수리 마수리 따뽀따뽀 따뽀뽀! 눈이 좋아져라!" 토끼 마법사가 주문을 외웠더니 이런! 펭귄의 눈이 접시만큼 커져버렸어요. 이게 뭐야!

이런 엉터리 토끼 마법사에게 어느 날 은이라는 꼬마가 찾아왔어요. 은이의 부탁은 무엇이었을까요?

"나에게 원이라는 동생이 있는데, 얘가 자꾸 내 물건을 뺏고 나를 귀찮게 해. 원이가 내 눈에서 안 보이게 해줘!" 은이는 동생 때문에 화가 났는지 씩씩거리면서 토끼 마법사에게 부탁을 했어요.

"그래? 알았어. 수리수리 마수리 숑탕숑탕 숑숑탕! 은이 동생이 눈에 안 보이게 되어라!"

은이는 신이 나서 들썩들썩 어깨춤을 추며 집으로 돌아왔어요. 방 안 곳곳을 살펴봐도 정말로 동생 원이가 없었어요. 야호! 이제 인어공주 인형도, 레고 블록도 다 내 거야! 엄마도 내 거야! 이젠 아무것도 나누지 않아도 돼! 은이는 너무 기분이 좋았어요.

그런데 시간이 흐르자 조금씩 원이가 걱정되기 시작했어요. 토끼 마법사는 원이를 어디로 보내버린 걸까? 혹시 아예 안 돌아오는 건 아니겠지? 그래서 은이는 다시 토끼 마법사를 찾아갔어요.

"마법사 토끼야. 내 동생 원이를 어디로 보낸 거야?"

토끼 마법사는 머리를 긁적이며 말했어요.

"글쎄. 눈에 안 보이게는 만들었는데 원이가 어디로 갔는지는 나도 잘 모르겠어."

은이는 깜짝 놀랐어요. 원이가 어디로 갔는지 모른다니!

동생이 걱정된 은이가 울음을 터뜨리자 미안해진 토끼 마법사는 주섬주섬 마법사 가방에서 커다란 수정 구슬 하나를 꺼냈어요.

"은이야! 걱정하지 마. 이 구슬은 보고 싶은 거라면 뭐든지 보여주는 마법 구슬이니까. 이 구슬에게 원이가 어디에 있는지 물어보자."

토끼 마법사는 수정 구슬에 손을 대고 주문을 외웠어요.

"수리수리 마수리 구슬구슬구스르르르~ 나와라 짠!"

우와! 드디어 수정 구슬 속에 원이의 모습이 보이기 시작했어요.

그런데 원이는 아프리카의 무서운 정글 한가운데서 엉엉 울고 있었어요.

은이가 구슬 속을 자세히 살펴보니, 세상에! 울고 있는 원이를 향해 악어, 구렁이, 호랑이, 불곰, 사자 등 무서운 동물들이 슬금슬금 다가오는 게 아니겠어요?

은이는 마음이 급해져서 토끼 마법사에게 외쳤어요.

"얼른 나를 저기로 보내줘! 그리고 내가 이 세상에서 가장 힘이 센 어린이가 되게 해줘! 내가 원이를 구해야 해!"

토끼 마법사도 당황해서 얼른 주문을 외웠습니다.

"알았어! 수리수리 마수리 으쌰으쌰 으샤쌰! 저곳으로 휘리리릭!"

토끼 마법사의 주문과 함께 은이는 순식간에 원이가 울고 있는 정글에 도착했어요.

원이를 잡아먹을 듯 무섭게 다가오는 악어의 이빨을 다 부숴버리고, 구렁이의 굵다란 꼬리를 잡아 빙글빙글 돌려서 날려버리고, 호랑이와 불곰과 사자를 주먹 한 방으로 도망가게 만들었어요. 그리고 엉엉 울고 있는 원이를 등에 업고 휘리릭 집으로 돌아왔습니다.

겁에 질려 얼굴이 새파래졌던 원이는 언니 등에서 새근새근 잠이 들었어요.

집으로 돌아온 은이는 엄마에게 자랑했어요.

"엄마, 오늘 원이가 위험에 빠졌는데, 내가 세상에서 가장 힘이 센 아이가 되어서 구해왔어요! 내가 언니니까요!"

엄마는 활짝 웃으며 말씀하셨어요.

"와~ 세상에서 가장 힘이 센 아이라니, 정말 대단하구나. 그러면 은이야, 너의 힘 좀 빌릴 수 있을까? 쌀독에 쌀을 채워야 하는데 저기 쌀 한 포대를 지고 올 수 있겠니?"

"그럼요, 문제없어요. 난 호랑이도, 사자도, 악어도 물리친 세상에서 가장 힘이 센 어린이니까요!"

은이는 으스대며 쌀 포대를 들어 올리려 했어요. 그런데 쌀 포대는 꿈쩍도 하지 않았어요. 이럴 리가 없는데? 으으으윽! 열심히 힘을 주어 쌀 포대를 들어 올리려 하자, "뿌아아아아아아아아앙!" 하고 어마어마한 방귀 소리가 온 집 안에 울려 퍼졌어요.

알고 보니 엉터리 토끼 마법사는 은이가 세상에서 가장 힘이 센 아이가 아니라, 세상에서 가장 방귀 소리가 큰 아이가 되도록 한 거예요. 토끼 마법사의 마법은 이번에도 실패였던 거죠.

어? 그런데 은이는 어떻게 원이를 구해올 수 있었을까요?

고개를 한참 갸우뚱하던 은이는 그 답을 알 수 있었어요.

은이의 마음속에는 동생을 향한 아주 큰 사랑이 있었기 때문이지요.

'사랑'이 악어와 호랑이와 사자를 물리치고, 울고 있는 동생을 구해낸 세상에서 가장 큰 힘이었던 거예요.

은이와 원이는 여전히 싸우고 또 화해하면서 사이좋은 자매로 행복하게 살고 있답니다.

엄마의 생각 주머니

두 살 터울의 두 아이는 참 자주 싸웁니다. 주로 동생이 언니를 도발하고, 그로 인해 언니가 울음을 터뜨리는 수순으로 진행되곤 해요. 엄마가 혼내면 그제서야 작은아이가 "미안해!"라고 퉁명스럽고 영혼 없는 사과를 합니다. 그러면 큰아이는 눈물이 그렁그렁해서 말합니다. "네가 아무리 미안하다고 해도 용서하지 않을 거야."라고요. 그런데도 웃기고 신기한 것은, 그렇게 남북의 냉전 모드를 방불케 하는 상황이다가도 한 녀석이 코를 찡끗하며 먼저 웃음을 터뜨리면 나머지 한 녀석도 같이 웃어버린다는 사실입니다.

이 글을 쓰고 있는 어제도, 작은아이가 큰아이의 머리를 잡아당기고 팔을 꼬집어서 큰아이는 많이 울었습니다. 언니라는 이름이 주는 무게 때문인지, 큰아이는 작은아이에게 늘 져주는 편입니다. 그래놓고 분해서 얼굴이 새빨개지도록 울지요. 하지만 제가 떼쓰는 작은아이를 길에 내버려두고 돌아서 온다거나 하면 울면서 매달리는 것은 늘 언니 은이입니다. "엄마, 원이 데리고 가. 원이 내버려두면 안 돼."라면서 엉엉 울지요. 다섯 살짜리가 세 살짜리의 손목을 잡아끌며 "가서 엄마한테 잘못했다고 얘기해."라고 울먹이며 당부하지요. 동생앓이를 그렇게 혹독하게 했어도, 아이의 마음속에는 동생을 향한 사랑이 있다는 걸 시간이 지날수록 느낍니다. 그런 사랑을 누가 가르쳐주었을까요. 아이 안에 있는 그 따뜻하고 고운 마음이 고마워서 큰아이를 보면 마음이 짠합니다.

일본의 희극인이자 영화감독인 기타노 다케시는 가족이란 존재를 '누군가 안 보면 내다버리고 싶은 존재'라고 정의했다지요. 은이에게도 때로 원이는 그런 존재일지 모르겠습니다. 하지만 기타노 다케시도 분명 그 뒤에는 이 말을 생략했을 거라고 생각해요. '누군가 안 보면 내다버리고 싶은 존재(하지만 그에게 무슨 일이 생긴다면 어떻게 해서라도 되찾아오게 될 존재!).'

더 이야기해주세요

◆ 이 이야기는 방귀 반전이 핵심이에요. 아이들은 늘 방귀, 똥, 쉬라면 사족을 못 쓰고 숨이 넘어가도록 웃곤 합니다. 그러니 방귀 소리는 '세상에서 가장 힘이 센 방귀'에 걸맞게 엄청나게 큰 소리로 내주세요!

이야기 스물

나는 존재 자체로 소중해요
하느님이 찍어준 최고 도장

하느님이
찍어 준
최고 도장

　어느 맑고 화창한 여름날, 높고 높은 하늘나라의 하느님이 아기 천사들을 불러 모았어요.
　아기 천사들은 하느님이 무슨 이야기를 하실까 궁금해서 조용히 귀를 기울였어요.
　"오늘은 대한민국 서울의 ○○아파트에 사는 ○○○ 씨와 ○○○ 씨에게 예쁜 아기를 보내줄 거야. 이 사람들은 정말 오래도록 아기를 기다렸거든. 엄마, 아빠가 아기를 기다리면 그들의 소망단지에는 기다림이 솜사탕처럼 소복소복 쌓이지. 드디어 오늘 아침! 소망단지가 가득 차 딩동댕 신호가 울렸단다. 자, 누가 이 집으로 가겠니?"
　아기 천사들은 눈을 반짝반짝 빛내며 모두 손을 들었어요. 저요! 저요! 저요!

하느님은 빙그레 웃으며 아기 천사들의 얼굴을 하나하나 바라봤어요. 그리고 한 아기 천사를 손가락으로 가리켰어요.

"네가 가는 게 좋겠구나! 이 집에 가서 엄마, 아빠의 기쁨과 행복이 되려무나."

하느님의 선택을 받은 아기 천사는 너무 기뻐서 얼굴이 빨개졌어요.

그리고 하얀 구름 위에 두둥실 떠 있는 황금빛 배에 올라탔습니다.

"하느님! 어서 보내주세요. 저 빨리 갈래요."

아기 천사의 말에 하느님은 웃으며 말했습니다.

"빨리 엄마, 아빠를 만나고 싶은 게로구나. 그래도 이건 잊지 말아야지."

하느님은 커다란 엄지손가락을 들어 아기 천사의 코와 입 사이에 꾹 하고 도장을 찍었어요.

"너는 존재 자체로 아름답고 소중한, 세상 하나뿐인 아이란다."

하느님의 엄지손가락이 닿은 아기 천사의 코 아래에는 작고 긴 자국이 생겼습니다.

아기 천사를 태운 황금빛 배가 구름의 바다를 건너 사라졌고, 아기 천사는 아주 따스하고 포근한 곳에 내렸어요.

"튼튼아, 튼튼아!"

어디선가 예쁜 목소리가 들려왔어요. 아기 천사는 신기해하며 눈을 떴어요.

아기 천사는 그 소리가 엄마의 목소리라는 걸 단박에 알았어요.

엄마가 자신을 '튼튼이'라고 부른다는 것도 알 수 있었어요.

엄마의 목소리는 마치 마법 같아서 튼튼이는 엄마가 자기를 부를 때마다 조금씩 더 튼튼하게 자라났습니다.

가끔 낮고 굵지만 다정한 목소리도 들려왔어요.

"튼튼아, 아빠야. 잘 지내지? 우리 곧 건강하게 만나자."

"튼튼아, 사랑해."

"튼튼아, 오늘은 기분이 어떠니?"

튼튼이는 엄마의 몸 안에서 엄마와 함께 숨을 쉬고, 웃고, 노래를 듣고, 발을 동동 굴러보기도 하고, 놀기도 하면서 무럭무럭 자라났습니다.

그리고 튼튼이의 어둡고 따스한 집이 점점 좁아져서 더 이상 머물지 못하겠다는 생각이 들 즈음, 튼튼이는 다시 여행을 떠났습니다. 어두운 길을 조금씩 헤쳐 나오자 그 끝에 눈부신 빛이 있었어요. 그리고 아득하게만 울리던 목소리를 아주 가까이에서 들을 수 있었어요.

"튼튼아, 엄마야."

"튼튼아, 건강하게 태어나줘서 고마워."

"튼튼아, 사랑해."

엄마 뱃속에서 세상 밖으로 나온 튼튼이는 모든 것을 새롭게 배워야만 했어요.

엄마의 젖을 빨고, 트림을 하고, 엉덩이가 축축하면 울음을 터트렸죠.

튼튼이가 울 때도, 웃을 때도, 잘 때도, 젖을 먹을 때도 엄마는 언제나 튼튼이를 따뜻하게 보살펴주었어요.

엄마가 튼튼이를 바라보는 눈빛이 너무나 다정하고 예뻐서 튼튼이는 엄마를 아주 많이 사랑하게 되었습니다.

엄마와 아빠는 늘 튼튼이에게 이야기해주었어요.

"넌 정말 소중해. 엄마, 아빠의 아기가 되어주어서 너무 고마워."

튼튼이는 조금씩 자라났습니다. 몸을 뒤집고, 목을 가누고, 손가락과 발가락을 입으로 가져갈 수 있게 되었어요.

또 시간이 흐르자 튼튼이는 기고, 앉고, 서고 마침내 혼자서도 걸을 수 있게 되었어요.

젖이 아닌 이유식이라는 음식을 먹고, 처음으로 '엄마'를 부르며 튼튼이는 매일 새롭게 태어나는 것 같았어요. 그때마다 엄마, 아빠는 아낌없는 박수를 보냈습니다.

튼튼이는 엄마와 아빠의 사랑을 먹고, 몸도 마음도 쑥쑥 자라났어요.

튼튼이는 이제 어린이가 되었어요. 학교에 들어가고, 여러 친구들을 만나게 되었지요. 팔과 다리가 길어지고 혼자서도 많은 것을 할 수 있게 되었습니다.

엄마, 아빠에게 숨기고 싶은 비밀이 생기기 시작했고 조금씩 다른 사람의 이야기나 표정, 행동을 통해 자신에 대해 알아가게 되었어요.

어떤 사람은 튼튼이를 칭찬했어요. 또 어떤 사람은 튼튼이의 좋지 않은 점을 말하기도 했지요.

사람들은 튼튼이의 얼굴, 머리 모양, 키와 몸무게, 성격, 말과 행동에 대해서 이야기하며 '튼튼이는 이런 아이야' 또는 '튼튼이는 저런 아이야' 하는 식으로 판단했어요.

튼튼이는 다른 사람들이 하는 말이 정말인지 궁금하기도 했고, 잘 모르겠다는 생각도 들었어요. 어떤 때는 자기가 그럭저럭 괜찮은 아이인 것 같았고, 또 어떤 때는 말썽꾸러기에 욕심쟁이, 이것도 저것도 잘 못하는 아이인 것 같았어요.

튼튼이는 어느 날 자신이 어떤 아이인지 알고 싶어졌어요. 그래서 한참 동안 큰 거울 속을 들여다보았습니다.

그때 거울 속 튼튼이가 거울 밖 튼튼이에게 손을 내밀었어요.

그리고 튼튼이의 인중에 꾹 엄지손가락을 찍어주었어요.

그때서야 튼튼이는 아기 천사였을 때 하느님이 찍어주신 최고 도장이 기억났어요.

"너는 존재 자체로 아름답고 소중한, 세상 하나뿐인 아이란다."

튼튼이는 그 후로도 자신이 어떤 아이인지 궁금해질 때면 조용히 엄지손가락을 들어 인중에 찍어보았어요. 그리고 스스로에게 이렇게 말해주지요.

"나는 내 모습 그대로 아름답고 소중한 아이야."

어떤 행동을 하든, 어떤 상황에 있든 튼튼이의 인중에 새겨진 최고 도장이 있는 한, 튼튼이는 아름답고 소중한 최고의 아이입니다. 세상 모든 어린이들이 그런 것처럼요.

엄마의 생각 주머니

  말을 하게 된 아이는 주로 몸에 관한 단어를 궁금해했어요. 아이가 제 몸 이곳저곳을 가르키면 손바닥, 발바닥, 손목과 발목, 귓불과 콧잔등이라고 알려주며 우리 몸을 가리키는 말이 이토록 많구나 새삼 느꼈어요.

  어느 날 아이는 제 인중을 만지작거리다가 엄지손가락을 세워 인중에 찍어보더니 깔깔 웃더군요. 그때 이 이야기를 생각했지요. 알고 보니 〈탈무드〉에서도 인중을 '아기가 천국에서 지내던 기억을 지우기 위해 천사가 '쉿' 하고 윗입술과 코 사이를 누른 자국'이라고 하더군요. 기억을 지우는 것보다는 '최고 도장'이라는 쪽이 더 마음에 들어요.

  자기 전 아이의 인중을 살짝 엄지손가락으로 눌러주면서 이 이야기를 들려주세요. 앞으로 우리 아이들이 세상의 평가와 잣대 앞에서 주눅이 들 때 이 이야기를 떠올릴 수 있으면 좋겠습니다. 엄마가 사랑의 손길로 찍어주었던, 이 최고 도장 이야기를 말이에요.

더 이야기해주세요

- 엄마, 아빠의 이름과 지금 살고 있는 아파트 이름, 아이의 태명을 넣어서 이야기를 들려주세요. 아이가 자신의 태명을 모른다면 현재의 이름을 넣어서 이야기해도 괜찮아요.
- 중간 중간 아이가 태어난 후의 특별한 에피소드를 이야기에 넣어 들려줘도 아이들이 참 좋아해요.

에필로그

엄마도, 아이도
따뜻하고 행복하게 굿나잇!

　언젠가부터 아이는 잠자리에 누우면 '어떤 이야기 하나'만 해달라고 조르기 시작했습니다. 기억나는 대로 함께 읽었던 동화책 이야기를 주섬주섬 들려주다 보니 제가 만들어낸 이야기도 들려주게 되었습니다.

　어느 날은 어린이 만화영화 〈뽀롱뽀롱 뽀로로〉의 주인공들이 등장하기도 하고, 어느 날은 아이들이 직접 이야기의 주인공이 되기도 했어요. 한번 들려주면 다 이해하지 못하는 것 같다가도 다음 날이 되면 또 들려달라고 해서 이야기에 덧붙여 이런저런 대화를 나누다 보면 이야기는 어느새 더욱 구체적인 모습을 갖추어가곤 했어요.

　아이들이 제가 만든 이야기를 재미있게 들어주니 저도 '오늘 밤은 어떤 이야기를 들려줄까?' 늘 궁리하게 되었지요. 하루를 보내며 아이들에게 하고 싶은 말이 생기면 그것을 이야기에 녹여보기도 했고요. 신기하게도 아이들은 이야기를 들으면 평소보다 더 편안하고 안정된 모습으로 꿀잠이 들었습니다. 밥을 든든하게 먹어야 잠이 잘 오듯이, 서툴고 버벅거려도 엄마가 들려준 이야기에 마음의 배가 든든해졌나 봐요.

두 아이를 양쪽에 데리고 누워 어둠 속에서 소곤거리며 들려주었던 이야기들이 이렇게 책으로 묶어지니 참 고맙고 감사합니다. 저희 아이들이 잠자리에서 재미나게 듣고 행복하게 잠들었던 이야기를 다른 아이들도 함께 듣는다고 생각하니 떨리기도 하고요.
아이들과 함께 복닥복닥 보낸 하루가 피곤하고 고될지라도 잠자리에서만큼은 모든 것을 잊고 따뜻하고 행복하게 하루를 마무리할 수 있었으면 합니다. 이야기를 들려주고 들으며 저와 아이들은 오늘도 무탈하고 평화롭게 흘러간 것에 안도하고 내일은 더 즐겁고 신나는 하루가 되기를 바라는 마음으로 잠들 수 있었습니다.

언젠가 아이들은 엄마가 애써 재워주지 않아도, 엄마가 이야기를 들려주지 않아도 스스로 문을 닫고 들어가 불을 끄고 잠들 만큼 자라겠지요. 그때가 오기까지 저는 잠자리에서 아이들에게 이야기를 들려주고 싶습니다. 이야기를 들을 때면 어둠 속에서 반짝이던 아이들의 눈빛을, 다 듣고 나서 만족스러운 표정으로 기지개를 켜며 "정말 재미있다."라고 말하는 귀여운 목소리를, 그리고 나서 새근새근 잠들던 모습을 머릿속에 꼭꼭 새겨둘 겁니다.

오늘 밤, 아이들에게 이야기를 들려주세요. 아이들이 머릿속으로 아름다운 그림을 그려가며 이야기를 듣는 진지한 표정을 기억해주세요. 이 스무 편의 이야기가 엄마에게도, 아이에게도 꿀잠을 선사할 수 있다면 더 바랄 것이 없겠습니다.

고맙습니다.

2015년 가을

김 미 나

Index

거미 나라에 잡혀간 은이 ◆ 15
공룡을 찾아 나선 크룽이 ◆ 25
그림자를 무서워한 원이 ◆ 150
마녀의 성으로 간 아빠 ◆ 116
미용실, 미역국, 미안해! ◆ 78
방귀대장 은이 ◆ 105
비의 요정을 찾아서 ◆ 182
성질 급한 벌새와 느림보 곰 ◆ 195
세상에서 가장 힘이 센 은이 ◆ 219
신기한 감기에 걸린 아기 공룡 ◆ 171
야채 나라 여행 ◆ 44
엄마 인형 ◆ 161
오늘 밤 나는 돌을 던져요 ◆ 90
운동대장 다람쥐 ◆ 207
은이의 마법 목걸이 ◆ 138
자라의 선물 ◆ 56
징징이와 엉엉이 ◆ 34
친구가 된 핑크 물고기와 톱상어 ◆ 66
토끼가 준 보라색 알밤 ◆ 128
하느님이 찍어준 최고 도장 ◆ 229

나는 존재 자체로 소중해요 ◆ 229
나다운 게 가장 좋은 거예요 ◆ 207
나에게 동생이 생겼어요 ◆ 105
난 아직 엄마가 필요해요 ◆ 161
낯선 것, 다른 것도 괜찮아요 ◆ 195
낯선 사람은 따라가지 않아요 ◆ 15
동생은 아끼고 돌봐줘야 해요 ◆ 219
두려운 것도 조금씩 이겨 나갈 수 있어요 ◆ 150
따뜻한 마음을 잃지 말아요 ◆ 182
마음에 담아두지 않아요 ◆ 90
말하지 않아도 마음으로 알아요 ◆ 25
미안하다고 말하는 것은 용기 있는 일이에요 ◆ 78
아빠의 마음은 언제나 우리와 함께 있어요 ◆ 116
어떤 일을 먼저 해야 할까요? ◆ 138
예쁜 얼굴보다 예쁜 마음 ◆ 56
울지 말고, 징징대지 말고 말해요 ◆ 34
음식을 가리지 않고 골고루 먹어요 ◆ 44
작은 것에 감사하며 살아요 ◆ 128
친구가 싫어하는 장난은 치지 않아요 ◆ 171
친구는 좋은 일을 함께 해요 ◆ 66

하루 10분
꿀잠 동화

1판 1쇄 발행 2015년 10월 30일
1판 2쇄 발행 2016년 1월 20일

지은이 김미나

발행인 양원석
편집장 황혜정
책임편집 한지윤
편집 김기남, 차선화
디자인 RHK 디자인연구소 남미현, 김미선
일러스트 유민아 minahsinbiro@naver.com
교정·교열 홍주연
해외저작권 황지현
제작 문태일
영업마케팅 이영인, 양근모, 정우연, 이주형, 전연교, 김민수, 장현기, 정미진, 이선미

펴낸 곳 ㈜알에이치코리아
주소 서울시 금천구 가산디지털2로 53, 20층 (가산동, 한라시그마밸리)
편집문의 02-6443-8860   **구입문의** 02-6443-8838
홈페이지 http://rhk.co.kr
등록 2004년 1월 15일 제2-3726호

ISBN 978-89-255-5747-2 (13590)

※ 이 책은 ㈜알에이치코리아가 저작권자와의 계약에 따라 발행한 것이므로
   본사의 서면 허락 없이는 어떠한 형태나 수단으로도 이 책의 내용을 이용하지 못합니다.
※ 잘못된 책은 구입하신 서점에서 바꾸어 드립니다.
※ 책값은 뒤표지에 있습니다.